読みなおす日本史

鳴動する中世

怪音と地鳴りの日本史

笹本正治

吉川弘文館

まえがき

私たちの日常生活は実に多くの音に囲まれている。笛や太鼓といった楽器類以外でも音を生み出すものはさまざまで、私たちの存在自体、そして動植物や大気の動き、温度の変化にいたる自然さえもが、何らかの音を作り出している。人間が生きていく上で音のない世界はほとんど考えられないし、私たちの情報手段としても、音が大きな部分を占めている。

その音に対する感性や対応は、歴史の産物であると同時に、人それぞれである。たとえば、現代人の生活で欠くことのできない自動車や電車などが発する音は、これらが発明された近代以降の産物であり、古代や中世の人にとっては想像さえできなかった音である。もし古代人や中世人がこの音を聞いたらどんな感想を持ち、どんな対応をするのであろうかと時々考える。

自動車が発明されて、実像が人々の目に映じ、エンジン音を聞くようになった段階では、近代化や先進性のシンボルであって、当時の人々は現代人とは違う感覚で聞いたことであろう。その音は輝かしい未来を人間にもたらしてくれることを約束する希望の音であったと思われる。一方で、この音に恐怖を抱く人もいたのではないだろうか。

現代人でも音に対する意識は一様ではない。車や電車に関心を持つ者にとっては、それらの音は興味の対象であり、心地よく感じることだろう。つぎつぎと更新される新車モデルは、現代でも文化の最先端のシンボルの一つであり、そこから生み出される音もすでに時代の中で大きく変化している。車の音の場合、最新の静かな音が好きな人も、クラシカルなエンジン音などをこよなく愛する人もいて、好みは多様である。

一方、現代の道路や電車の沿線に住む人にとっては、これらの交通手段によって生み出された音は騒音となり、生活を脅かす凶暴な魔物にもなっている。車が現代ほど普及せず、電車が頻繁に通らなかった時代には、騒音公害として糾弾されることはなかったろうが、今は便利な乗り物であるとはいっても、それ以上に音に悩まされている人もいるのである。

これはそのまま社会における音に対する感性の変化をも示している。示した例ほど極端でなくとも、同一人物であっても同じ音に対して子供の時と老人になってからでは感性が異なるだろうし、同じ音が、体調や置かれた環境や状況によって全く違った印象に感じられることもある。日ごろはうるさいと思っている音が、ふとした拍子に安らぎの対象になったり、環境が変わると思い出の音になったりする。ここに人間の心の多様性の一端もあるといえよう。

歴史経過の中で私たちは多くの新たな音を獲得してきた。逆に忘れられた音や、失われてしまった音も多い。私たちが知っている音でも、過去の時代においては全く異なった意味を持ったこともあったろうし、今では科学的にそんな音は存在しなかったと断言できるものもあるかも知れない。墓や神社、寺などの「鳴動」もその一つで、本書で扱おうとするこれらの音は、鐘や楽器が奏でるいわゆる「音楽」とは異なる。

私は、歴史の中で、社会全体が音に対して、どのような意識を持っていたかに興味を抱いてきた。ところが、古文書や記録などの文字を媒介とする歴史学においては、音の復原は極めて難しい。特にいわゆるある種の旋律を持つ「音楽」でない日常的な音であればあるほど、当たり前すぎて文字に記されることが少ない。このため、何かほかに過去の音に対する感性を知る手段はないだろうかと考えていた時に、出会ったのが伝説、言い伝えという分野である。歴史学ではややもすれば退けられがちな多くの伝説も、日本人の心性を知るのには有効である。

日本人が過去において抱いた音に対する心持ちを探るために、記録や古文書といった文字史料と、伝説やことわざといった口承とを武器にして、私にとっては無謀ともいえる過去への旅に出てみたい。音はいったい人間社会、生活の中でどのような役割を担っていたかを探る旅へ、読者の皆さんにも同行してほしい。

なお、本来なら古代、中世、近世といった時代区分は、歴史像全体の上に打ち立てなければならないが、目下のところ厳密な時代区分論を用意できない。したがって、ここでの時代区分は、教科書などに出てくる一般的な区分であって、あくまでも目安に過ぎない。

目　次

第六章　鶏の声の意味するもの

序章　山が鳴り石が泣く

最初に、現代人の私にとってはちょっと信じられないような音の話から始めてみたい。

『山の音』　川端康成の代表的な作品の一つに、『山の音』がある。これは昭和二十四年（一九四九）から二十九年まで書き続けられたものだが、その中に次のような表現がある。


八月の十日前だが、虫が鳴いている。

木の葉から木の葉へ夜露の落ちるらしい音も聞える。

そうして、ふと信吾に山の音が聞えた。

風はない。月は満月に近く明るいが、しめっぽい夜気で、小山の上を描く木々の輪郭《りんかく》はぼやけている。しかし風は動いてはいない。

信吾のいる廊下の下のしだの葉も動いていない。

鎌倉のいわゆる谷《やと》の奥で、波が聞える夜もあるから、信吾は海の音かと疑ったが、やはり山の音だった。

遠い風の音に似ているが、地鳴りとでもいう深い底力があった。自分の頭のなかに聞えるようでもあるので、信吾は耳鳴りかと思って、頭を振ってみた。

音はやんだ。

音がやんだ後で、信吾ははじめて恐怖におそわれた。死期を予告されたのではないかと寒けがした。

風の音か、海の音か、耳鳴りかと、信吾は冷静に考えたつもりだったが、そんな音などしなかったのではないかと思われた。しかし確かに山の音は聞えていた。

魔が通りかかって山を鳴らして行ったかのようであった。

（中略）

「山の鳴ることってあるんでしょうか。」と菊子が言った。

「いつかお母さまにうかがったことがありますわね。お母さまのお姉さまがおなくなりになる前に、山の鳴るのをお聞きになったって、お母さまおっしゃったでしょう。」

信吾はぎくっとした、そのことを忘れていたのは、まったく救いがたいと思った。山の音を聞いて、なぜそのことを思い出さなかったのだろう。（岩波文庫、一九九四年版）

舞台は夜である。ここに記されている山の音とは、どんな音なのであろうか。私には実感がわかないし、川端と感性を共有することも難しい。虫の鳴く声や、木の葉から木の葉へと落ちる夜露の音とも違うらしい。風の音や波の音とも異なるようである。遠い風の音に似ているが、地鳴りとでもいう底力があるという。耳鳴りにも似ているようである。川端康成は知っているからこそ、このような形で書いたのであろうが、私にとっては得体の知れない音である。

ここに出ている「山の音」に最も似ていると思われる「地鳴《じなり》」を、目下のところ最も収載語の多い国語辞典である小学館の『日本国語大辞典』で引くと、「天変地異などで大地が揺れて鳴りひびくこと。また、その音。特に地震の際、震央近くで地震を感ずる前、または同時に種々の音響が起こること。地鳴だけで地震動を感じない場合もあるが、地震計には地動が記録されている。原因は可聴範囲内の振動数をもった地震動によって誘発された空気振動であると考えられている。鳴動。地響き。」と説明されている。なるほどとは思いながらも、小説で説明されているように山の音とは確かに異なりそうである。

似たような言葉として「山鳴《やまなり》」を思い浮かべたので、同じ辞書で引いてみると、「山が鳴動すること。また、その音。地殻運動、谷あいの水の反響、空洞を通る空気の反響などによって起こる。」と説明されている。こちらの方が地鳴りよりかすかな音らしく、小説の山の音に近いように感じられる。

両方の説明の中には「鳴動《めいどう》」が出てくるが、これは次のように説明される。「①大きな音をたててゆれ動くこと。鳴りうごくこと。②地震の時におこる、うなるような土地の震動と音響。」である。

このように、山を含めた大地が動くことによって生じる音を感じ、かつ聞くとは、いったいどういうことなのであろうか。私は日常において常にステレオで音楽を流しており、暇さえあればテレビやラジオをつけて、音に囲まれた生活をしている。音に囲まれた我々は多くの音を新たに入手すると同時に、多くの音を失ってきている。まずは過去の日本人の音の感性を確認しなくてはならない。

それにしてもなぜこの小説は、『山の音』という表題でなければならないのだろうか。引用部分では、老人である信吾が山の音から死期の近いことを感じ取っている。そして、小説全体の底辺に、山の音から感じられる死の意識が流れ続けていく。つまり山の音は信吾の近い未来、人間が避けて通ることのできない死を暗示しているわけである。この死の認識は、執筆時にすでに五十歳で初老に入った川端自身の境地でもあったと思われる。この小説は音を主題とするものでなく、人間に必ず訪れる死を主題としているからこそ、多くの人に読み継がれ、感銘を与えてきたはずである。『山の音』という題は川端によって選ばれ、必然的につけられたものなのである。

「魔が通りかかって山を鳴らして行った」などとの、山の音に死を意識する感覚は、川端康成によるまったくの創作なのだろうか、それとも、社会一般に広く存在した認識を前提にして書かれたのだろうか。この意識は小説『山の音』の基底であり、主題である。当然ながら、社会の中にこうした意識を受け入れる下地がまったくない場合、著作が広く読者の共感を呼ぶことはなく、好評を博さなかったであろう。仮にそうだとすれば、昭和二十年代ぐらいまで、山の音が何かの予兆になるとの意識は、相当の広がりをもって存在していたことになる。

小説『山の音』に見られる、山の音から死を予感する感性は、山の音を聞いた人が未来を感じていた、とも解釈できる。言葉を換えるなら、未来を知る手段として山の音が意識されていたのである。
私たちの周りには不思議な音が確かに存在している。その中には本書でこれから紹介するように、過去の日本人がたびたび聞いたと主張する音がある。

塩尻市の夜泣石　伝説の世界では山の音よりももっと不思議な音がある。その一つが夜泣石《よなきいし》と呼ばれる、特定の石が泣くとされる音である。夜泣石は日本各地にあるが、ここでは長野県塩尻《しおじり》市洗馬《せば》の釜井庵《かまいあん》の庭の石を取り上げてみよう。

釜井庵の名称は、戦国時代に現在の塩尻市南部とその周辺に勢力を持っていた三村《みむら》氏（洗馬氏）が、ここに館《やかた》を構えていたことにちなみ、天正十年（一五八二）に松本に入った小笠原貞慶《おがさわらさだよし》がこの地一帯を高野山徳善院《とくぜんいん》に寄進し、使僧が寓居して釜井庵と名づけたことから始まるとされる。天明三年（一七八三）には旅行家として有名な菅江真澄《すがえますみ》が、ここに一年余り滞在したこともあって、現在は塩尻市の文化財としてきれいに整備されて、藁葺き屋根も真新しくなった。一帯は心洗われるような散策の地である。

庵の敷地の一隅に高さ五〇センチほどの石が立ち、その周囲は木の柵で結わわれ、白く塗られた説明の角柱には、「夜泣石　洗馬氏一族主従が信玄に謀殺された頃から夜更《よふけ》にすすり泣く」と記されている。近年なされた整備の後でもこの説明が付けられていることから、伝説は今でも人々の心の中に生きているといえよう。ちなみに、石の位置は整備前と少し変わったが、庭全体の配置や過去の配石状況からすると、この石は本来庭石の一部であった可能性もある。

とはいっても、角柱の説明による夜泣石の伝説はあまりに茫漠としている。そこで謂《いわ》れを見てみよう。

まずは地元の塩尻史談会が昭和五十三年（一九七八）に出した『塩尻の伝説と民話』に次のようにある。

塩尻峠を制する者は信州を制する。その足がかりとして重要な峠である。武田信玄はこの戦い（塩尻峠永井坂の合戦）によって、信州を攻略する拠点を得たということができる。武田方に寝返った三村駿河守長親《ながちか》は、洗馬朝日を領有した洗馬妙義山《みようぎさん》の城主であり、洗馬の長興寺《ちようこうじ》を建立した、地方では有力な豪族であった。永井坂の戦いが終った後も、林城《はやしじよう》（松本市）その他の城の攻略に参加した。

信玄は、戦功を行うからと、長親を甲府に呼んだ。長親は、意気ようようと家来二百数十名を引きつれて、甲府の一蓮寺《いちれんじ》（今の太田町）に宿をとった。その夜、信玄は、主を裏切る者はまた裏切る心配があると言って、兵を向け、寺を焼き、一族郎党を皆殺しにした。そのため三村一族は滅亡した。現在、市の史蹟に指定された釜井庵に、長親の館があったといわれている。妙義山の麓にあるが、その庭に夜泣石という石がある。三村一族の妄念が夜泣きするのだと、伝説として語り伝えられている。

武田信玄と三村氏　主人公は三村一族と、戦国大名として名高い武田信玄である。

伝説の背景になった塩尻峠の合戦は、天文十七年（一五四八）七月十九日にあった。これより先の同年二月十四日、信玄は上田原《うえだはら》（長野県上田市）で信濃の北部・東部に勢力を持っていた村上義清《むらかみよしきよ》と戦い、大敗を喫した。このためそれまで信玄が支配下に置いた信濃は混乱に陥り、七月十日には諏訪《すわ》地方の武士や有力百姓が信府《しんぷ》（松本市）に住む守護の小笠原長時に通じ、武田方を攻撃した。信玄は翌日この報を聞くと即日出馬したが、行動は極めて慎重で、十八日にいたって諏訪に入った。そして十九日の早朝六時頃に塩尻峠（現在の塩尻市と岡谷市の間の峠）に陣を張っていた小笠原長時の軍五千余りを急襲し、一方的な勝利を上げた。これによって信玄は上田原で蒙った痛手を癒すことができ、再び態勢を整えて信濃制圧に乗り出すことになった。つまり塩尻峠の合戦とは、武田信玄の信濃制圧の転機になった合戦なのである。

近世になってから書かれた「二木《ふたつぎ》家記」や「小平《こだいら》物語」など各家の由緒書では、塩尻峠合戦の時には三村駿河守長親らがはからって、その勢四、五百人が逆心を企て、信玄に与《くみ》したために、小笠原長時軍が大敗したとしている。また江戸時代の初頭に書かれた甲州流の兵学書である『甲陽軍鑑《こうようぐんかん》』によると、天文二十三年八月十六日、信玄は信濃の木曾口に兵馬を出し、三村氏（洗馬氏）を降参させて、九月末に甲府の一蓮寺で成敗した。彼は大剛《だいごう》の者で、雑兵《ぞうひょう》とも二百十三人が一緒に切り死にしたという。これだけ多くの家臣が死んだことでも、三村氏がいかに大きな勢力を持っていたか推し量ることができる。

同じ『塩尻の伝説と民話』の別の伝説では、「あの石の前を嫁入りは通ってはならない、通ればきっと縁が切れてしまうといって、避けて通った」といい、石は天気の変わる時に、蛙のような鳴き声を出したとか、石に耳をあてると泣き声が聞こえて、夜はいっそう悲しい泣き声であったとも伝えられている。また、三村氏が甲府の一蓮寺で武田信玄に焼き滅ぼされた頃から、ときどき夜更けに、すすり泣く声が聞こえたとも伝えている。

夜泣石が泣く時間帯としては夜更けが多いなど、泣くのには時間などの条件があったようである。それにしても夜泣石の泣き声はどんなだったのだろうか。蛙のような鳴き声であったといい、あるいはすすり泣くようであったという。蛙の鳴き声といっても蛙の種類によってもさまざまであるが、すすり泣くようなという表現からすると、鰍蛙《かじかがえる》のような透き通った声なのであろうか。あるいは雨が近くなった折に鳴く雨蛙の鳴き声を、石が泣いていると理解したのであろうか。夜泣石の声は山の音と同様に、我々が実感しにくい何とも不思議な音らしい。

とにかく伝説によると、石が夜泣きするのは、信玄によって惨殺《ざんさつ》された三村氏の一族の妄念が三村氏の居館の石に籠もり、それから泣くようになったとされるのである。なお嫁入り時に通ってはいけないとされているのは、三村一族が滅びたから縁起が悪いと理解されたためだろうか。

落城に鳴く石　伝説の世界ではほかにも不思議な音をたてる石が存在する。それも先の夜泣石と同様に、武田信玄が信濃に攻め込んできた時に関わるものである。

その一つが長野県上田市塩田《しおだ》地区に伝わる、「吉沢城を救った話」で、上田市塩田文化財研究所編の『信州の鎌倉塩田平の民話』によれば、以下のような内容である。

大永年間（一五二一〜二八）鶏岩《とりいわ》の西にそびえる山の上に城があって、吉沢民部之介光義という人が城主になっていた。天文年間（一五三二〜五五）甲斐《かい》の武田信玄が信濃の国に攻め入って、この吉沢城を囲んだ。蛇にねらわれた蛙同様、吉沢城は武田の精鋭に押しまくられて、今にも落城するばかりになった。その時突然「雄鶏岩《おんどりいわ》」が、雷が落ちる様な大きな声で「コケコッコー」と鳴き叫んだ。これにはさすがの武田勢も驚いて、吉沢城は何という恐ろしい城だろうと、あわてて退却したので、一応事なく済んだ。しかし吉沢氏は武田にはとうていかなわなかった。後に信玄は武力に訴えず、智将山本勘助《かんすけ》に命じて、吉沢民部之介を説得させ、ついに味方に引き入れたという。

吉沢城は『上田小県誌《ちいさがた》』第一巻によれば、城といえる規模ではなく、物見《ものみ》・砦《とりで》に類するという。この城そのものに関わったり、落城などを伝える史料はないが、音を伴う城の伝説として興味深い。天文年間という時期は武田氏がこの地域を制圧する期間に合致しており、武田氏の信濃侵略の歴史と地域に残る伝承からすると、全くの創作ではなく、ある程度事実の下地がありそうな伝説である。それにしても武田軍が攻め込むのをやめたくなるほどの、雷が落ちるような「コケコッコー」の大きな鳴き声とはいかばかりであろうか。鳴き声が想像しにくいばかりでなく、これがいかにも真実のように伝えられてきた背景は何なのだろうか。

一方、長野県の北に位置する上水内郡《かみみのちぐん》飯綱町《いいつなまち》にも、「宇鳴石《うなりいし》」の伝説がある。明治十五年（一八八二）芋川《いもかわ》村が提出した報告書をもとにした『長野県町村誌』によれば、次の如くである。

　村の北方往来の傍にあり。古老の伝に、武田氏芋川城攻の際、此《この》石唸《うな》りしと云《い》う。故に此辺を字、宇鳴石と称す。

芋川城は現在若宮城として知られる山城で、芋川氏は永禄六年（一五六三）頃に武田氏に服属した可能性が高いとされる（『三水村誌』）。ともかく、武田氏が芋川氏を攻撃した時、この石は唸ったというのである。「宇鳴石」の名前は、唸り石から来たものであろう。それにしても石はどのような声を出して唸ったのであろうか。これも興味深い。

川端康成の『山の音』から判断する限り、昭和二十年代ごろまでは社会全体に山の音がある程度認識され、しかも特別な意味を持つものとされていたことは疑いない。塩尻市の夜泣石の伝説は、天文二十三年の三村氏滅亡を契機に生まれ、ほぼ現在にいたるまで生き続けてきた。同じように武田氏が信濃に攻めてきた時に石が泣いたり、唸ったりしたとの伝説が、今も上田市や上水内郡飯綱町に伝わっているのである。しかもこれらの音は、その場その場で音量や音質が異なっており、人間が作り上げたり、日常生活で人間が一般的に聞いたりする音とは明らかに違うらしい。現代人的な解釈をするとすれば、何ともいえない不思議な音を聞いたとき、その原因として、山や石などが声を出したと考えたのではあるまいか。

現代の私たちは山が鳴き、岩が泣いたり唸ったりするとは考えない。それなのに伝説として、こうしたことが生き続けているのはなぜなのであろうか。こうした発想法はどこに根があるのであろうか。また「石が声を出したり、鳴動したこと」（あるいはそのように考えてきたこと）の意味を明らかにしなくてはならない。さらに、上田市の「吉沢城を救った話」のように、その音声がなぜ鶏と結びつかねばならなかったのかも考えなくてはなるまい。

第一章　戦国大名と落城

塩尻の夜泣石は、三村一族が信玄によって殺されたのを契機にして泣くようになったとされる。吉沢城を救った話では、城が陥落する前に雄鶏岩が鳴いて城が助かったとされ、宇鳴石《うなりいし》では信玄が城を攻めた時に石が唸《うな》った。つまり序章で取り上げた三つの伝説はいずれも武田信玄の信濃侵略を時代背景とし、落城や一族の滅亡に関わっているのである。

そこで、この章では、先の伝説の舞台となった戦国時代に、一族滅亡と関わって音がした記録（事件などがあったのと同時期、後々に伝える必要から文字によって事実を書き記したもの）、伝説（事件などがあった時期より以降に、内容などの興味から言葉によって伝えられてきた言い伝えや口承文芸）があるかどうかを確認し、背景となる社会を考えていきたい。

一族滅亡と予兆

序章で取り上げた伝説では、石が泣くのは武田信玄が信濃を攻めた時で、石の声は攻撃を加えた側で聞かれている。

武田信玄は天文十年（一五四一）に父の信虎を駿河に追放して家督を継ぎ、諏訪《すわ》頼重を攻めて諏訪郡を手に入れて信濃侵略の拠点とした。この信玄による最初の諏訪攻撃の直前から、奇妙な音がしたという興味深や記録が、同時代に書かれた日記という形で、攻め込まれた諏訪氏の側に残っている。

諏訪氏と諏訪上社

諏訪と聞いて多くの人が思い浮かべるのは諏訪大社であろう。この神社は上・下《しも》の大きく二社からなり、上社《かみしや》が本宮《ほんみや》と前宮《まえみや》に分かれて、本宮が長野県諏訪市、前宮が茅野《ちの》市に、下社《しや》が春宮《はるみや》と秋宮《あきみや》に分かれて、諏訪郡下諏訪町に鎮座する。これらが全体として諏訪大社と呼ばれ、信濃国の一宮《いちのみや》である。このうち上社の神に仕える最上級の役職であると同時に、生き神ともいえる大《おお》祝《はふり》になる家が諏訪氏の大祝家で、戦国時代に諏訪を統一したのが諏訪惣領《そうりよう》家《け》であった。諏訪氏は諏訪上社の祭りを司《つかさど》る大祝家と、政治を司る惣領家に分かれたのである。

上社祭礼の奉祀記録である『神使御頭之日記《こうとのおとう》』中に、天文九年（一五四〇）十一月八日の午後十時頃、上社の「宮オビタダシク三度ナリ候」と記載されている。諏訪上社の宮が「おびただしく」鳴ったというのである。状況ははっきりしないが、諏訪上社の社殿が激しく大きな音で、三度も鳴ったとは何とも不気味ではないか。しかも鳴ったのは、塩尻の夜泣石が泣くことが多いとされる夜なのである。ちなみに中世の「日記」は現代人の私的メモワールとは異なる、のちのちのための公的記録をいうことが多い。

現在の諏訪大社で多くの人が参詣して手を合わせる最も重要な建物は拝幣殿《はいへいでん》である。これは左右に片拝殿を持ち、本殿がない諏訪社様式といわれる建物である。上社本宮の二の鳥居から布橋《ぬのばし》を通って中に進んで行くと、右手に四《し》脚門《きゃくもん》を挟んで東宝殿と西宝殿がある。質素な建物なので見過ごしてしまうことが多いが、諏訪大社最古の史料とされる『諏訪大明神絵《え》詞《ことば》』に社殿に関して解説があるのは宝殿についてだけで、寅《とら》と申《さる》の年に交代で造営して、新造の建物を七年間風にさらして清めてから神座にするとしている。有名な御柱《おんばしら》の年に宝殿も作り直すのである。このことからして、天文九年十一月に三度も鳴った「宮」とは、諏訪上社の御神体が置かれていた最も大事な宝殿であった可能性が高い。

同じ日記によればこのような鳴動は翌年もあり、天文十年の「三月下旬ニ上坊《かみのぼう》うらなるたて(立)石五日・六日うなる、昔も諏訪一乱の時如此《このごとし》」とのことであった。立石が唸ったという記載は、最初に見た三《さ》水《みず》村の「宇鳴石」に共通するものがあるだろう。

上坊とは真言宗の秘密山如法院《にょほういん》のことで、廃仏《はいぶつ》毀《き》釈《しゃく》にいたるまで上社の神域の東続きに位置した上社神宮寺《じんぐうじ》の中にあった。上社の本地仏《ほんじぶつ》は普賢菩薩《ふげんぼさつ》とされるので、その中央に普賢堂が建っていた。普賢堂を本堂として庫《く》裏《り》に当たるものを大坊といい、住職が常住した。大坊には八つの院・坊が付属したが、その代表が如法院だったのである。諏訪上社の神に仕える者の中で二番目に位置する権祝《ごんはふり》の家に伝わった「天正絵図」と呼ばれる絵図には、二の鳥居から出て御手洗《みたらし》川を東に行くと神宮寺域のすぐそばに如法院があり、西に護摩《ごま》堂も見える。その西側を登ると仁王門があり、五重塔・普賢堂と続いていた。

つまり上坊が諏訪上社神宮寺の重要な坊であっただけに、その坊に鎮座する立石は名称からしても、神が来臨する「磐座《いわくら》」の意味を持っていた可能性が高い。諏訪上社神宮寺の中の立石が鳴ったことは、特別な意味を持つと当時の人々に理解されたがために、『神使御頭之日記』に公に記録されたのである。

同じ記事でかつて鳴動したとされる諏訪一乱は、諏訪一族そのものが滅びるかも知れない、諏訪氏にとって大変な危機の時であった、諏訪郡における文明の争乱を指すと思われる。この乱の経緯を確認しておこう。

信濃守護の小笠原氏は文安三年（一四四六）、惣領が一族を統制する権限やそれにともなう利益を司る惣領職《そうりようしき》をめぐって二派（府中と伊那《いな》）に分裂した。諏訪社では下社の金刺《かなさし》氏が府中（松本市）小笠原氏と、上社の諏訪氏が伊那（飯田市）小笠原氏と結んだ。文明十一年（一四七九）九月五日に諏訪上社の大祝継満《つぐみつ》とその系統の高遠《たかとお》（伊那市高遠町）に住む諏訪継宗《つぐむね》は、伊那の伊賀良《いがら》（飯田市）で兵乱が起きたため出陣した。現人神《あらひとがみ》とされる大祝は諏訪郡の外に出られない慣例があったので、継満は諏訪郡外に出るためにいったん職を辞し、帰還後に再び就任した。翌文明十二年二月六日夜、下社の暴徒が安国寺《あんこくじ》（茅野市）の東大町に放火し略奪を行った。三月五日にも下社の金刺興春《おきはる》や下社領の塩尻（塩尻市）の者十二人を首謀者として、西大町で同様の騒動があった。この背後には上社の諏訪氏と下社の金刺氏の大きな対立があった。全体としては、この時期の争いを通じて上社側が下社を圧倒するようになった。

諏訪氏では惣領職の政満が庶流であったため、大祝継満系統が長期にわたり大祝《おおはふり》職《しき》を独占して勢力を蓄え、惣領家と大祝家の争いがますます激化していった。互いに立場をよくしようと、大祝継満は伊那郡伊賀良の小笠原政貞、惣領政満は府中の小笠原長朝と結びついた。文明十五年正月八日、継満一派は政満一族を神殿《こうどの》に招いて酒食を催し謀殺したが、惣領家側の勢力が大きかったので樋沢《ひざわ》城（茅野市）に立て籠もった。二月二十九日の夜、惣領方が城を攻めたので、継満らは城を捨てて高遠へ退去した。下社の金刺興春は大乱に乗じて継満に味方して挙兵したが、軍勢が諏訪勢に敗れ、本拠の下社に火がかけられ、惣領家と結んでいた小笠原長朝の出兵もあって、ついに討ち取られてしまった。

翌文明十六年五月三日、継満は小笠原政貞、高遠の諏訪継宗などと磯並《いそなみ》前山（茅野市）に布陣し、六日に片山の古城を取り立てて陣営にした。樋沢城に立て籠もった惣領家勢には、間もなく小笠原長朝が筑摩《ちくま》・安曇《あずみ》の大軍を率いて来援した。戦の結果は明らかでないが、惣領家側の勝利に終わったらしく、十二月二十八日、先に継満によって殺された政満の第二子が大祝に就任した。彼が後に諏訪郡を統一し、諏訪家中興の英主となる安芸守頼満入道碧雲斎《へきうんさい》である。

こういった諏訪氏にとって存亡をかける乱に際して、上坊裏の立石が唸ったというのである。諏訪氏全体が滅亡に瀕した危機的な状況、あるいは大祝家が滅亡する前に、諏訪氏の氏神ともいえる諏訪上社の重要な石が唸ったとの諏訪上社神長《じんちょう》の手になる日記記載は、注目しなければならない。

天文十年（一五四一）の諏訪上社鳴動に関する記載は、『神使御頭之日記』のほかの箇所にも「七月御射山上増《みさやまかみまし》の夜原山《はらやま》ことごと敷《しく》なり候、頼重御気ニかけ神馬被進候《じんめまいらせ》」とある。この年の七月の御射山の上増の祭りの夜に、諏訪明神が狩りをする場所として、神聖な原野と意識された原山（神野《こうや》。現諏訪郡富士見町・原村、御射山神社を中心とする場所）がごとごとと音を立てて鳴ったので、諏訪惣領家当主の頼重がこの音を気にかけて、神を鎮めるために神馬を奉納したのである。

これから八年後の天文十八年十一月に書かれた、諏訪上社の最上位の神に仕える役職の神長である守矢頼真《もりやよりまさ》の書状にも、武田信虎に協力するために諏訪頼重が海野《うんの》（東御市《とうみし》）へ出張した時、黒い馬を神長に与えたところ、その後原山が「事々敷《ことごとしく》鳴り候に付きて」、神長はその馬を禰宜方《ねぎがた》に納めたと、この折のことを振り返って記されている（守矢文書）。わずか八年後なので、記憶としても間違いはないと思われ、鳴動は記憶に鮮明であったといえる。神長は神に仕えるべき役割の者が諏訪頼重の家臣のようになって黒馬を得たことを神が怒ったと理解し、馬を神に捧げ直したのであろう。

諏訪上社に関係したおびただしく三度も鳴った音、立石の唸り、原山のごとごと鳴る音、これは何を意味していたのであろうか。諏訪一乱における上坊裏の立石の唸りは、諏訪氏滅亡の危機を告げるためであったと理解されるが、奇しくも天文十年に鳴動があった翌年、諏訪氏が滅亡した。すなわち、天文十一年七月四日に諏訪頼重は武田信玄の攻撃によって桑原城《くわばら》（諏訪市）を開城し、捕らえられて甲府に送られ、二十一日に切腹して諏訪惣領家の嫡流が滅んだのである。したがって、その二年前、および前年に、宮がおびただしく三度鳴った音、上坊の裏の立石の唸りは、諏訪氏滅亡への警戒をあらかじめ伝える音だったと推測できる。

このように諏訪上社に関係して生じた音を総称するならば、「鳴動」ということになる。諏訪氏は諏訪上社の生き神である大祝を出し、同時に諏訪明神を祀る中心になる家なので、これは諏訪明神もしくは諏訪氏の祖先からの知らせともいえる。その上、鳴動した主体の中に立石があったことは、三村氏の夜泣石伝説ともつながってくる。つまり、上坊裏の立石には神もしくは祖霊が依っていると、社会的に了解されていたのである。

ちなみに、史料からはこれ以降、現実に起きた記録としての諏訪社の鳴動は確認されず、さまざまな情報が詰まっている近世に書かれた『諏訪かのこ』など、諏訪に関する多量の地誌類にも、鳴動関係の記載は全くない。

武田氏滅亡と社地鳴動　これまでは武田信玄が信濃に攻めてきたときに関連して、滅ぼされる側に立った氏を見てきたが、三村氏や諏訪氏を滅ぼした武田氏も、天正十年（一五八二）三月に織田信長の攻撃を受けて、勝頼やその子供などが自刃《じじん》して滅んだ。

現在山梨市にある窪八幡《くぼはちまん》神社本殿の後ろにある神木の八本杉には、康平五年（一〇六二）九月に新《しん》羅《ら》三郎義光が祈願して植えたとの伝承がある。武田という名字は、義光三男の義清が常陸《ひたち》武田郷（茨城県ひたちなか市）に城を構えて称するので、義光は武田氏にとって特別な先祖とされ、特に伝承の世界では重要な位置を占めることから、義光手植えの杉となれば武田氏にとって祖霊のシンボルともなる木である。

この木が武田氏の滅亡の前に倒れたという。すなわち、江戸時代将軍の代替わりごとに各地に派遣された政情・民情視察使である巡見使《じゆんけんし》が、寛政六年（一七九四）に通行した際にまとめた『甲州巡見通行記』によれば、天正九年（一五八一）に窪八幡の「社地鳴動して、北の一本根より倒れ」たという。これは翌年に武田勝頼が滅亡した時、当時窪八幡が領していた三千石余の社領を織田信長が奪取した前ぶれだった、と言い伝えられている。

天正九年の窪八幡神社での社地鳴動の具体的な音の模様などは記録や古文書として伝わらないが、その一連の変異の中で義光手植えの杉が倒れたのであるから、大地が震動して大きな音があったのであろう。八幡神は源氏の一族である武田氏が尊崇する神であり、その神のいる社地が鳴動し、先祖が植え、正月の門松や神社の榊《さかき》などと同様、神の下り来る目印となる木と想定される大杉が倒れたとは、ただごとではない。窪八幡神社を信仰する人々には、さぞかし大変なことが起きる前触れと感じられたであろう。

幕末に書かれた由緒によれば、窪八幡神社は甲斐国《かいのくに》惣鎮守《そうちんじゅ》ともされ、欽明《きんめい》天皇二十年（五五九）に物部尾輿《もののべのおこし》に勅命があり、河内国志紀《しき》郡にある誉田《ほむた》別尊《わけのみこと》（応神《おうじん》天皇）廟《びょう》の石を祀ったのがはじめだとされる。その後、康平五年に甲斐源氏の祖の新羅三郎義光が奥州の夷族退治の祈誓をこめ、康平六年八月に社を再建した（『甲斐国社記・寺記』第一巻、山梨県立図書館）。つまり、この神社は源氏にとって祖先ともいえる、天皇家の祖霊信仰とも結びつく特別な神社なのである。

窪八幡神社は武田氏と関係が深かっただけに、現在の各社殿は室町時代に武田信満、信虎、および信玄などによって改築・修理がなされた。先の伝承では鳴動の理由を、この翌年武田氏が滅亡して窪八幡の社領が取り上げられる前触れとしているが、諏訪上社の事例をもとにすると、本来は武田氏滅亡の予知に重きを置いて鳴動した可能性が高い。つまり、武田氏と特別な関係を持つ神社で、武田氏の滅亡を知らせる鳴動があったことになる。諏訪氏の滅亡の前年に諏訪上社で鳴動が聞こえたのと同様、武田氏が滅亡する前年、武田氏と密接な関係にあった窪八幡神社でも鳴動が起きたことになる。

なお、窪八幡神社の鳴動に関係する史料もこれだけしか伝わらず、近世には実際の鳴動の記録も全く残されていない。実際に事件があってから二百年後の史料に残る言い伝えからではあるが、一族と密接な関係を持つ神社が一族の危機に際して鳴動して連絡してくれるとの認識は、戦国時代に甲斐の武田氏でも窪八幡神社との関係において存在したことになる。

豊臣氏滅亡と秀吉の墓　武田氏を滅亡させた織田信長は、天正十年（一五八二）に本能寺の変に遭い、思いもかけずに亡くなった。この時、はたして信長に関係してどこかの神社で鳴動があったかどうか、残念ながら目下のところ私はそれを確認できない。

信長の業績を引き継いで全国統一をしたのが豊臣秀吉である。彼に関しては本人の死の前でなく、慶長四年（一五九九）の春、豊臣氏の危機に当たって秀吉の墓が鳴動したことを、江戸時代前期の歴史書である『本朝通鑑《ほんちょうつがん》』が記している。これは林鵞峰《はやしがほう》が父羅山《らざん》の『本朝編年録《ほんちょうへんねんろく》』を復原し、かつ続編をも編集したものである。

秀吉は慶長三年に亡くなると阿弥陀ケ峰《あみだがみね》（京都市東山区）に葬られ、翌年この峰の山頂に彼を祀る豊国廟《とよくにびょう》が建立された。その西麓には後の方広寺《ほうこうじ》の鎮守という名目で、豊国神社が設けられ、閏三月十八日に豊国大明神の神号が豊臣秀吉に与えられた。方広寺は京都市東山区にある天台宗の寺で、天正十四年（一五八六）に秀吉が着工し、文禄四年（一五九五）に大仏殿が完成したが、翌年の大地震で完成間近の大仏が大破してしまい、秀吉の死後、その子秀頼によって慶長十七年（一六一二）完成した。壮大な社殿が造営されたので、阿弥陀ケ峰は一時豊国山とも呼ばれた。その結構《けっこう》（建築構造）は墓（豊国廟）と社《やしろ》（豊国神社）と寺（方広寺）を一体にし、徳川家康を葬った日光東照宮などのちの霊廟建築の先駆をなすものであった。ただし、豊国神社の社殿は豊臣氏の滅亡後に、徳川氏によって破壊されている。

秀吉には自ら豊臣家の守護神となる意図があり、秀頼も父の遺志を継いで神社などを造営したのであろう。墓は名称そのものがあの世の象徴である阿弥陀ケ峰に設けられたので、山に秀吉の霊がこめられたことになる。その墓が鳴動したとなれば、一族には霊が危険を知らせていると理解されたことだろう。実際、鳴動があったという翌年の慶長五年（一六〇〇）には、豊臣氏の将来を決する関ケ原合戦が行われ、豊臣方の西軍が敗れ、以後豊臣家は斜陽に向かうことになる。

十六世紀末の秀吉の墓鳴動は、子孫を守ろうとする先祖の墓鳴動の事例としては時期的に最後の方に位置する事例といえよう。なお、子孫を守ろうとする意識は徳川家康にも踏襲され、家康は自ら東照大権現となった。ちなみに中世史を研究する西山克《にしやままさる》は、これから本書で触れる京都の東山将軍塚、男山《おとこやま》（石清水八幡宮《いわしみずはちまんぐう》）、摂津の多田院《ただのいん》、後鳥羽院御影堂《ごとばいんみえいどう》、大和の多武峰《とうのみね》の鳴動が、いずれも王家やそれを補弼《ほひつ》する家の始祖《しそ》を祀る場、あるいはそれに準ずる場として秀吉に認識されていたとして、こういった通念が豊臣秀吉をして始祖神話を創造させることになったと見ている（「豊臣『始祖』神話の風景」『思想』八二九号）。しかし、私は前述のような流れからして、これを秀吉だけが王権創造の手段として意図的に伝説化したのではなく、広く当時の社会にあった、鳴動が先祖と子孫をつなぐとの意識の一端だったと理解する。

豊臣秀吉の墓鳴動は、社会観念を前提にして、新たに豊臣氏を興した秀吉が子孫を守るために出した、危機を知らせた音であり、それは広く社会に通用する考えであったと私は推測するのである。

神の意志を伝える音　城での大きな音、落城の際の音といえば、すぐ戦争が想い起こされるだろう。

この両者をつなぐ伝説がある。

愛知県岡崎市矢作《やはぎ》町にある矢作神社の唸り石は、建武二年（一三三五）に足利尊氏と新田義貞が戦い、勝敗がなかなか決まらずにいた時、義貞が矢作神社に心をこめて戦勝祈願をすると、社前にあってにわかに唸りだし動いた石で、結局、義貞は戦に勝つことができたという（福田祥男『愛知県伝説集』、泰文堂）。

唸り石は、新田義貞の祈願に唸り、動いて応え、神の加護を伝えたのである。矢作神社の神のお陰で義貞は勝利したと理解したわけで、神が石にのりうつって知らせたとの口碑が今も残っている。

山梨県南巨摩《みなみこま》郡身延《みのぶ》町には、「輪鳴《わなり》地蔵」の伝説がある。

昔、武田信玄がこの地を通り、勝坂《かつさか》の頂上で休息したところ、眠気を催し、夢の中に地蔵尊の姿を拝したので、早速腰の矢立《やたて》をとって、付近の石に「地蔵尊」と記して厚く供養した。のちに今川義元の大軍がこの坂下まで押し寄せたところ、敵方の今川軍には山の雑木がみな武田勢に見え、異様な唸りを生じたので、敵は驚き逃げ去ってしまった。これは地蔵の霊験で、唸ったのは地蔵にかけてあった金の輪が鳴ったものだった。戦に勝ったので、武田氏はこの坂を勝坂と称し、地蔵を輪鳴地蔵と呼ぶようになった（土橋里木『甲斐伝説集』、山梨民俗の会）。

石には地蔵が彫られたわけでもないので、石そのものに霊力があったのであろう。ここでも石が唸りを生じて、敵を破ることができたとされるのである。武田氏からすると、石が勝利を告げ、逆に今川勢からすると敗戦を告げたことになる。こうした音と戦争の勝利は、長野県上田市の「吉沢城を救った話」の鶏の鳴き声ともつながる。

城などに関係なく、音を出す石が神体とされることもある。山梨県北杜《ほくと》市高根町の「鈴石《すずいし》」は、昔の若神子《わかみこ》村から甲《かぶと》村に入る坂道にあった大きな石である。この石は月のよい夜など独りでチリチリと鳴るので、村の人はこの石を鈴石と呼んだ。鈴石はたいそう霊験があり、この石に種々の祈願をかけると、たちまち御利益を授けられるという。鈴石に宿願をかけて聞き届けられるときには石の中で鈴が鳴る。良からぬことを祈願すると、鈴が鳴らない。鈴石を路傍へ置くことは勿体《もったい》ないから、黒沢村へ移して神様として勧請《かんじょう》しようとしたけれども、石の運搬途中に原山神社の辺まで来ると動かなくなった。さっそくお伺いを立てたところ、鈴石が「ここがよろしい」と答えた。村人はお言葉に逆らうの非をさとり、鈴石をここに安置して、これを神体として、その上に現在の原山神社を勧請したという（『高根町誌』下巻）。

この伝説では音を生み出す石が、神秘な力を持つ特別なものとして意識されたことは疑いない。神がその意志を石の音によって伝えたと理解されたのである。

先祖が守る城館

祖先の墓が子孫を守ろうとする伝説のうち、秀吉より早い時期の例を見ていこう。

朝倉氏先祖の墓の鳴動　戦国大名として名高い甲斐武田氏の滅亡について触れたが、武田氏より少し早く天正元年（一五七三）に滅亡した戦国大名に越前の朝倉氏がある。この朝倉氏の始祖に関係して、鳴動する墓の伝説が福井市の一乗谷《いちじょうだに》に残っている。青山作太郎の『一乗谷　朝倉史跡・伝説』（私家版）には、次のような「お印塔《いんとう》の鳴動」が収録されている。

館《やかた》跡東南方の杉林中にある、宝篋《ほうきょう》印塔が朝倉敏景（孝景）の墓とされる。一名英林《えいりん》塚、お印塔と言われている。朝倉氏落城に際し、兵火を免れた唯一の墓である。この墓は、国に異変が起こるごとに鳴動し、国難を知らすと言われ、また相輪《そうりん》（塔の最上層）が、空中に飛び上がるとも伝えられている。

この伝説は、寛保三年（一七四三）に福井藩士の村田氏純《むらたうじずみ》によってまとめられた『越藩拾遺録《えつぱんしゆういろく》』の中に「墓銘　一乗寺殿英林宗雄大居士、小キ五輪ナリ。此所杉ノ林ニテ俗説ニ国ニ大吉凶アル時ハ鳴動スル事アリト云イ伝ウ。古例トシテ巡国使此所ニ上ル」と見える。朝倉氏滅亡から百七十年ほど経った江戸中期の伝承ではあるが、徳川幕府の巡見使がわざわざ古例であるからといって、この印塔のところまで国の異変がないかどうかを見るために登るというのである。

墓の主である朝倉敏景は、越前守護斯波《しば》氏の内紛に際して守護代の甲斐常治《かいじょうち》と結んで斯波義廉《よしかど》を擁し、応仁の乱では当初義廉のいる西軍方で戦ったが、東軍に転じて文明三年（一四七一）越前の守護となり、一乗谷に拠って甲斐氏の勢力を駆逐し支配を固めた人物である。その彼の墓とされる五輪塔が国に大きな吉凶がある時に鳴動するとされるのである。ここで異変の対象は国になっているが、一国支配を始めた敏景にとって朝倉氏の存亡は、国の異変と直結するので、本来この墓が朝倉氏の吉凶を伝えるとの信仰があった可能性もある。ともかく祖先の墓鳴動は、関ケ原合戦の前における豊臣秀吉の墓鳴動を想起させる。注目したいのは、墓が杉の林の中に所在することで、窪八幡神社の八本杉とも場面に関連が見えてくる。

朝倉氏においても始祖が子孫を守ってくれるとの意識が確実に存在し、しかもその舞台となったのは戦国時代だったことが、この伝説からわかる。

木内重暁《きのうちしげあき》（石亭《せきてい》）によって安永二年（一七七三）から八年に編纂された『雲根志《うんこんし》』によれば、朝倉敏景から四代後の義景の石塔の五輪は、毎年十月一日には自然と動きだし、一丈（約三メートル）ばかり空中へ飛び上がるとされている。また、地元には現在も次のような伝説が伝わっている。

朝倉義景の墓のそばにかめ（亀）形の岩が五つばかりあり、その上に丸い岩がのっている。毎年義景の命日にかぎり、丸い岩が上へ舞い上がって、下の岩の上へ落ちる。その音はまるで雷のごとく物すごい。村の人はその音を聞くと、今日は義景さんの命日だという。丸い岩は義景の魂

だそうである。（杉原丈夫編『越前若狭の伝説』、松見文庫）

織田信長軍によって朝倉義景が一乗谷を攻撃されたのは天正元年（一五七三）八月十八日で、二十日に義景が自刃して、朝倉氏は滅亡した。『雲根志』がなぜ十月一日に義景の墓が動き出すとしたのかは不明だが、命日に丸い岩が上へ舞い上がって落ちるとしているのは、義景の怨念ゆえに墓石が動くのだと解されていたことを示す。ちなみに石は丸いというが、説明からして大きくはなさそうである。中世の卒塔婆《そとば》の一つである五輪塔は、最上部分で空輪《くうりん》と風輪《ふうりん》がつながり、全体として丸くなっているが、丸い石はこれを思い起こさせる。また敏景の墓の英林塚では相輪が空中に飛び上がるというが、この相輪の最上部の宝珠《ほうじゅ》と請花《うけばな》は、形が五輪塔の空輪風輪に似ている。いずれにしろ、墓の最上部と伝説に現れる丸石は、発想的につながっているのではないだろうか。

英林塚の伝承がもとになって、祖霊が危機を伝えるために墓を鳴動させるという話が、非業の死を遂げた義景の魂が墓石もしくは石にのり移って、怨念がこれを動かすというふうに内容が変化した可能性が高いと私は考える。

このことからすると、塩尻市の夜泣石も、本来は居館を構えた三村氏の始祖が石に籠もって子孫の危機を鳴動などで伝えるとの伝説が先に存在していて、それが武田氏に滅亡させられたために死者の怨念が夜に泣くようになったのだと、話の内容が変わってしまったと考えることもできよう。

屋敷墓と地発《じおこし》　秀吉の墓や朝倉敏景の墓が子孫の未来に大きな変事がある場合、前もって鳴動して知らせるとの意識があったとなれば、鳴動を通して先祖の墓は子孫とつながっていたことになる。

山梨県や長野県などの旧家を歩くと、墓が屋敷地の内に設置されているのを見ることがある。場所を見るといわゆる鬼門《きもん》、もしくは裏鬼門と呼ばれる位置に当たる率が高いので、最初に屋敷を設けた人物が、死後に子孫を見守ってやろうという意識を持って作ったと推察される。位置や館全体の配置からすると、朝倉敏景の墓も屋敷墓の一種ともいえる。同じ館に住み続けた子孫には、先祖の霊によって屋敷地の安全が確保されているという安心感があったのではなかろうか。こうした墓に籠もった先祖の霊が子孫を守っているとの認識は、秀吉の墓が鳴動した理由ともつながる。

勝田至《かつたいたる》は、中世の屋敷墓を成立させた主な要因として、①開発者《かいほつしゃ》の霊と土地（特に屋敷地）との結びつきという観念、②それを支えている屋敷・土地の所有というイエ制度、③墓（死体）に死者の人格が残るという観念、の三つが複合していると指摘する（「中世の屋敷墓」『民衆宗教史叢書二六　祖霊信仰』、雄山閣出版）。そもそも屋敷墓が築かれた意識の中に、先祖は子孫を見守る義務があるとの社会的合意があった可能性が大きい。だからこそ、朝倉敏景の霊も、豊臣秀吉の霊も、さらに徳川家康の霊も、子孫を守っているのだと広く信じられたのである。

ところで、各地の中世城館跡で地下に大きな穴が発掘されているが、その中には墓と想定されるものもある。長野県上伊那郡辰野町の堀の内居館跡からも、深さ三メートルもある大きな穴が見つかった。江戸時代末にこの穴の中から埋葬品と思われる刀などが掘り出されたことが伝えられており、墓であった可能性が大きい。これが墓だとすれば、開発者が意図した土地占拠・土地占有の意味が込められていたのではないだろうか（笹本正治『堀の内中世居館跡をめぐって』、辰野町教育委員会）。こうした中世の屋敷地内の地下に設けられた墓が、現在に残る屋敷墓の前身で、葬られた人の霊が屋敷地を守り、子孫の安全を確保するという目的で作られたものであろう。先祖の墓に対する意識は戦国大名といった特定の家だけでなく、中世に社会全体で広く共有されていたのである。

中世の土地開発と本来の土地所有者である本主《ほんしゅ》の密接な関係について示したのは、勝俣鎮夫《かつまたしずお》の「地発《じおこし》と徳政一揆」（『戦国法成立史論』、東京大学出版会）であった。勝俣はこの論文によって、中世後期に伊勢・大和地方を中心に土地の売券《ばいけん》に現れる「地発」とは、売却地・質入れ地などの返還要求と結びついた慣行表現で、地発も開墾もともに「土地に新しく生命を付与する行為」の意味を持ち、中世社会において、開発地と開発者としての本主との間には「土地と本主の一体観念」があったとし、土地は単なる物件ではなく、自分が生命を与えた、または与えているという意識が土地と本主の一体化を支える観念だとのべた。

城と先祖　中世人が開発に抱いた右のような意識は、当然館や城を築くときにも存在したはずである。土地の開発者とその土地との間に一体感があるなら、最初に館や城を築いた（開発した）者とその館や城との間にも一体感があり、その血を引く者たちと城所有とは密接不可分の関係になければならない。城を築く時に特に重要なのは、自然の大地に手を加える普請《ふしん》であるが、中世人がこれを特別な行為と意識していたことは、三鬼清一郎が解き明かした（「近世初期における普請について」『名古屋大学文学部研究論集』史学三〇）。戦国大名の中には武田信玄のように、城を築くにあたり、大地の神を慰撫《いぶ》させるため、特別に陰陽師《おんみようじ》などを配置した例もあり（笹本正治『武田氏三代と信濃―信仰と統治の狭間で―』、郷土出版社）、間違いなく「開発」は精神的にも特別な行為であった。

もともとこういった土地開発に関して特別な観念があった上に、開発者や彼の子孫がその結びつきを明示しようと、本人の墓を屋敷地内に作ったのであろう。朝倉敏景の墓が居館を見下ろすような高台に設けられたり、中世居館跡の中に墓と思われる穴があることは、開発者と血のつながりを持つ者がその場所を独占することと関係している。

熊本県菊池市木庭《こば》の城林《じようばやし》城では、村人の手で毎年四月一日から三日の間に「先祖祭」が行われる。この城は城《じよう》氏歴代の居城と伝えられており、この伝承にそぐわしく、村人も「城」姓が多数を占める（『日本城郭大系』第一八巻、新人物往来社）。明らかに先祖の霊がこの城に籠もっていると理解されているのである。そして、子孫にとってこの城自体が神社のように信仰の対象だったのである。

一方で、戦国時代は前項で述べたような、それまで日本人が持ち続けてきた大地普請に対する特別な意識が減退した時期でもある（笹本正治「『院内』考」、同「人柱伝説の背後に―普請・災害に対する意識の変化―」、共に『中世的世界から近世的世界へ』、岩田書院に収録）。戦国時代の居館に墓が設けられるのは、本来社会が共有していた土地所有に対する中世的な概念が揺らいできたために、目に見える形にしなければならなかったからであろう。屋敷や城の墓や立石《たていし》は、血のつながりを前提とする土地所有の観念がゆらいだ中世の終わりゆえに、明示されるようになった可能性が高いと私は考える。

城割をめぐって　城を意図的に破壊して城館の機能を停止させることを城割《しろわり》と呼ぶ。

天文二十年（一五五二）十月二十四日に甲斐の武田軍は、信濃の平瀬《ひらせ》城（長野県松本市）を攻めて二百四人の首をとり、落城させた。武田信玄の重臣の駒井高白斎《こまいこうはくさい》が記した『高白斎記』によれば、二十八日の正午、南々東の方角に向かって平瀬城を割り、その上で鍬立《くわだて》（地鎮祭《じちんさい》のような儀式）をした。すなわち武田氏は敵城を落としてそれまでの城の命を断つ城割の儀式をし、その上で新たに城を築くための儀式を行ったのである。このように敵対した城を接収し造り直すには、城割をしてからでないと新たな工事に入れなかった。ちなみに学界では城割で実際に何をしたかが論議されつつある（福原圭一「武田氏の築城についての一考察」『信濃』四五巻一一号）。

城割では、破壊された場所がどこであるかが問題になる。その状況をよく示しているのが豊臣秀吉が朝鮮侵略のために築いた佐賀県唐津市にある肥前名護屋《なごや》城で、秀吉の次に政権を握った徳川家康によって城割された。この城では、戦争時に最も重要な場所である城の出入り口にあたる虎口《こぐち》や、視覚的に敵を威圧する石垣を築く基盤となる角（コーナー）などが、目に見える形で丹念にこわされている。城を破壊するに当たっては、再度それが軍事的拠点として使われることのないように、軍事的に重要な場所が破却の対象にされたといわれている（伊藤正義「城を破《わ》る」『朝日百科日本の歴史別冊　歴史を読みなおす一五　城と合戦』)。

しかし、城は住まいの機能に、敵から攻められたときの防御や攻撃のための機能を加えた施設であることが多いので、居館同様、城にも祖霊が宿るとの認識があった可能性が高い。祖霊が城に籠もって子孫を守ってくれるとの意識が社会に広く存在する場合、新たに城を取った側では、本来の城主と開発者とが血縁でつながることを示すシンボルをも破壊せねばならなかったはずで、軍事的構造物、たとえば土塁や櫓《やぐら》、堀などの破壊よりは、意識的にむしろこちらの方が重要だったろう。

城を守る石　天文十年(一五四二)に諏訪の上坊では立石が鳴動した。すでに触れたように、塩尻の夜泣石は平たい丸い石を立てた形なので、一種の立石である。

長野県北佐久郡立科《たてしな》町宇山《うやま》にある立石は、芦田氏が住んでいたといわれる場所にある(浅川欽一「立石」『日本伝奇伝説大事典』、角川書店)。居館に立石があったのである。

恵林寺《えりんじ》(山梨県甲州市)が所蔵する「甲州古城勝頼以前図」には、武田氏の躑躅ケ崎《つつじがさき》館《やかた》主郭の北側、土橋を渡り郭内に入ってつき当たった土塁の後ろに、「立石アリ」と記されている。全体の位置からすると館の東北で鬼門に近い。この絵図に郭内で記されているのは、井戸と泉水、それに毘沙門堂の前だけなので、戦国大名の武田氏にとっていかに立石が重要であったか知られる。ちなみにこれ以外の近世になって書かれた絵図には説明がなく、この立石は、武田氏滅亡後の館改修によって廃棄されたようである。

動かないはずの石が「立石」の名称で伝えられているのには理由があるはずで、祖霊などを含めた神が降り来る場として、石自身が特別な力を持っていると考えられてきたのであろう。そして右や本書冒頭の塩尻の例から館にも立石があった可能性が高い。こうした立石の特徴は、朝倉氏の館における朝倉敏景の墓、五輪塔とも結びつく。居館を造るに際しては、最初に土地占有の印として墓を築くことがあったが、それと同様な役割を屋敷地の石、特に立石は持ち、塩尻の夜泣石も同様だと推察される。

序章にあげた長野県の吉沢城などの伝説は、石が落城をあらかじめ伝えたり、城を鳴き声で救ったりする内容であった。つまり石には祖霊がよりついていると中世人は考え、最初に城や館を築いた者の霊が音をたてることによってこの世に連絡を取り、開発者が占有した場所に住み続ける子孫を危機から救うと理解していたのであろう。言い換えれば、各城にはその城を造った先祖の魂が石や岩などに宿っており、その霊が先祖と血のつながりを持つ本来の城主を救うと意識された。それは音があの世とこの世、神や祖霊の世界と人間が生きている世界、この二つの世界を結ぶ機能を持つと考えられていたからである（笹本正治『中世の音・近世の音—鐘の音の結ぶ世界—』、名著出版）。

城と本来の住人の精神的なつながりを示す、霊の宿るとされた石に対して、それまでの縁を切ったり、神や祖霊が出ていくように石を割るなどの祭祀がなくては、新たな城主は安心してそこを占拠することができなかったため、中世の城割や館の破壊に当たって祖霊や神の籠もる対象物の慰霊や撤去が大きな意義を持ったのである。それこそ立石などの祖霊のより来《きた》る石であり、城や居館に設けられた墓石であった。城や館の主の交替に伴って本来なすべき、最初に館や城を築いた一族の霊の籠もる石などへの儀礼がしっかりなされない場合、塩尻市の夜泣石のように、こめられた先祖の霊が怨霊化して泣くと理解されることもあったと考える。

開発者と子孫との精神的なつながりを明示していたのが、朝倉敏景の墓石や塩尻の夜泣石に代表される、祖霊がより来る石・立石や祖先の墓であったとするなら、新たな城主にとってその処理が問題になる。

居館などの発掘を見ると、意図的に堀に石や墓石（五輪塔や宝篋印塔）が投げ込まれていることが多いが、それはいわば城や居館のシンボルとしての堀の埋め戻しである。そして特にそこに投げ込まれたものが、城内や居館の神と関係する石や祖先の墓石である場合には、新城主による城割の際、旧城主の先祖の霊が籠もる象徴たる立石を廃棄することにもつながってくる。

山城を歩くと主郭部分に、とりわけ大きな岩などが割られたうえで残されたままになっているのを見ることがあるが、これらの石はそれ自体が築城した先祖にかかわる宗教儀礼的な装置としての意味を持っていた。少なくとも山城や居館の特別な石には、祖霊もしくは城を守る神が宿ると意識されてきた可能性が高い。

織田信長から豊臣秀吉政権の時期に築かれた石垣を持つ城、たとえば肥前名護屋城の虎口の目につく位置には、本尊と脇侍仏《わきじぶつ》に見立てたと思われる三つの大きな石を配した三尊石《さんぞんせき》、あるいは表面に光沢がある巨大な平面を持つ鏡石《かがみいし》とも呼ばれる石が置かれているが、これは三尊の名前からして仏、あるいは神社の神鏡からわかるように神を意識しており、神仏と関係が深い。そして日本では仏は死者のことであり、死者は時が経つと神に変わるのである。神仏に関連する名を付けた石を虎口に置くことは、最も重要な場所を神仏によって守ってもらおうとする意識の延長線上に位置づけられる。「甲州古城勝頼以前図」では土塁の背後に立石が置かれているが、これを土塁の前面にすえるならば、三尊石の位置になる。鏡石や三尊石は中世人が抱き続けた、城を守る先祖や神のより来る石の最終形態といえよう。

名護屋城では、城割の結果だろうが、三尊石が引き倒されている所もある。これは前の城主を守っていた神仏を排除しているのである。

沖縄の事例　ここで琉球の事例を見てみよう。沖縄県北部の国頭《くみがみ》郡今帰仁村《なきじんそん》にある今帰仁城《ぐすく》に関して、一七一三年に編纂された『琉球国由来記』に、次のような興味深い伝説が載っている。

先代、琉国三分ニシテ、今帰仁城者《は》山北王之城也。其《その》後、佐敷小按司《あじ》、山南王ト成テ中山王ヲ攻落シ、中山王トナッテ山北ヲ攻コト及度々《たびたびにおよべ》ドモ、城険阻ニシテ難攻《せめがたき》処、尚巴志《しょうはし》王、以謀《はかりごとをもって》ヲ、終《ついに》、城ヲ攻囲ム。山北王者《は》本門平郎門ヲ守護ス。彼一老、本部大原《ていはら》、裏門志慶間《しけま》門ヲ守護シケル。彼大原、有野心《やしんあり》。敵徒ニ内通シテ、主君ハ敵人ニ被討《うたれ》タルト、彼内室ニ申上レバ、妻子共、頼方ナクトテ自害シ玉ウ。折節、山北王、本門ノ向敵《てきにむかい》過半討フセギ、殿中ニ入テ見レバ、妻子悉《ことごと》ク自害セリ。依之《これによりて》、城内ノ鎮所、カナヒ《（イ）》ヤブト云《いう》盤石アリ。夫《そ》レニ向テ申様ハ、代々守護神ト頼シニ、今我敗亡ニハ汝ト共ニ亡ントテ、千代金丸《ちよかねまる》ト云剱《いうけん》ヲ抜《ぬき》テ、彼ノ鎮所ヲ十文字ニ切刻《きりきざみ》、其剱ヲ以テ自腹ヲ切ラントスレバ（中略）于今《いまに》、カナヒ《（イ）》ヤブト云鎮所者《は》差渡五尺計ノ黒石ニテアリケルヲ、千代金丸ヲ以テ十文字ニ切刻タル旧跡、有之也《これあるなり》。

舞台の背景は琉球国統一の過程で、一四一六年（一四二二年との説もある）の中山国《ちゆうざんこく》尚巴志による北山国の拠点である今帰仁城攻撃である。『琉球国由来記』によれば、北山国最後の国王となった攀安《はんあん》知《ち》は今帰仁城中に霊石を祀っていたが、戦いに敗れるに及んで、守護神でありながら守ってくれなかったとして、この石を千代金丸という剣で十文字に切り刻んだというのである。

この霊石は現在も本丸跡の北東の隅から、北の方へ石道を少し下ったところに、低い石垣で囲まれた中に祀られている。地元の『今帰仁村史』などによると、この霊石は俗に「天ちぢあまちぢ」（天継天継）とも呼ばれているが、それが今帰仁城の守護神として崇められている「イビガナシ」にあたる。霊石のある場所は城が使われていた頃、男子禁制で、城内にいた女神官たちが、祖神に感謝の祈りをささげ、国家安泰、五穀豊穣、子孫繁栄などを祈願したと言い伝えられ、今でも例祭には、今帰仁ノロ以下の女神官たちが、ここで祭祀を行っている。「天ちぢあまちぢ」の霊石「イビガナシ」は、北山最後の国王「攀安知」が、宝剣千代金丸をもって斬りつけたので、またの名を受剣石《じゆけんせき》ともいう。

『日本国語大辞典』によれば、「イビガナシ」とは沖縄や奄美諸島でいう「いべ」の尊称である。『沖縄古語大辞典』（角川書店）によると、いべ（威部）とは御嶽《うたき》の神の在所で、御嶽の奥まった所にある、最も聖なる区域とされる。沖縄学の父と称された伊波普猷《いはふゆう》によれば、イベは単に神というよりは、国つ神という方が適当かも知れず、祖神の称であるイベがいつしか大嶽《おおたき》にあもりつく天神（神が天上から大嶽に降ること）に転用されたもので、一般民の場合でも特に大祖《たいそ》（一族の始祖）だけを葬った墓をイベ墓と言っているという（『伊波普猷全集』第四巻、平凡社）。これらの言葉や現地の説明からして、城を守護する石はそのまま祖神信仰につながっていたといえる。

沖縄のグスク（城）には、先祖の祭祀などを行う信仰の場であるウタキ（御嶽）が設けられるのが一般的である。今帰仁城においては、その中心をなしたのが「イビガナシ」と呼ばれた石であった。これを参照すると、日本列島上の山城においても、ウタキ同様に先祖と城をつなぐ宗教的な場が存在し、その一端を先に見たような立石が担っていた可能性が高い。視点を変えるなら、山城の頂部などにみられる大きな石は、形態や位置からして御嶽そのものとも言える。

先祖の霊魂の籠もった石や岩、山などが、城の安全を見守っていてくれると理解していたのなら、先祖と子孫との精神的な結びつきは極めて大きかったはずである。そうした意識が一般的だった中世には、先祖と大地とのつながりをいかに断ち切るかが、新たに城や館を奪った側の課題だったので、それが前項で見たように城割として結実したのである。

落城と霊魂　夜泣石伝説の多くは石に宿った怨霊が原因だとされたが、特に近世以降、落城による怨念を慰めることで、城跡の鳴動を止めさせようとした。山梨県甲州市牧丘《まきおか》町の小田野《おだの》城跡に関わる伝説から見よう。

小田野山は鎌倉時代、安田義定の要害城であった。義定は平家追討に功績のあった名将だが、梶原景時のためこの地で悲運な最期をとげた。小田野山は以前、赤松が全山に茂り、あらしの日や長雨の続くときは雷の如く異様な音をたて、これに矢たけびの声もまじって山鳴りが聞こえる。村人はこの山鳴りを義定の宿怨の霊であるといって恐れていた。このため村人たちは城の下に切腹地蔵さんと義定の廟所を建て、霊を慰めた。それからは山鳴りは静まり平和な里になったという。（『牧丘町誌』）

治承四年（一一八〇）の富士川の戦いで、平維盛《たいらのこれもり》を破ったことで名高い安田義定（一一三四～九四）最後の砦であった小田野城跡から聞こえる山の音は、義定の宿怨によるとして、時期は不明であるが廟所を建て霊を慰めたという。ここでも悲運な最期を遂げた義定の怨霊が山鳴りをもたらしたのだとする。

天気予報の城　塩尻市の夜泣石が、天気の変わり目などに泣くというのは先述した通りである。視点を換えると、この石はこれからの天気という、本来なら誰もが知らない未来の情報を告げてくれることになる。この部分に着目すると、天気を告げる城跡の音にまつわる伝説が存在する。

その一つが山梨県の山の雨鳴城《あまなり》（南巨摩《こま》郡富士川町平林）の伝説で、それは概略次の如くである。秋山光朝は平氏と姻戚関係があるとして、鎌倉幕府に謀反《むほん》するのではないかと疑われたため、平林の城山に砦を築き、鎌倉方の軍勢を迎え撃った。城山のある場所は、雷雨の前に鳴る山ということで雨鳴山の名があったため、砦も「雨鳴城」と呼ばれた。砦は地の利を得て堅固だったが、木の伏樋《ふせひ》を地中深く埋め込んで用水を引いていたので、寄手《よせて》の軍勢は城の用水を断つことを図った。水路を断たれ、さしもの雨鳴城も断水の苦しさにあえぎ「白米」を岩壁に落として敵を欺《あざむ》いたものの、ついには落城した（『増穂町誌』下巻）。

山の上に城があり、敵に囲まれて水の手を切られた時、城兵がわざと平気を装って馬を白米で洗い、あるいは崖の上から白米を流して滝のように見せかけたとする、各地に伝わる白米城伝説の一つである。築城以前から山が、雷雨の前に鳴るために雨鳴山と呼ばれたことからして、山の鳴る音が天気を告げているとの意識は、相当古くまでさかのぼるだろう。

こうした伝説は山梨県だけではない。日本民俗学の創始者、柳田國男の名著『遠野《とおの》物語』には、次の伝説が採られている。

早池峯《はやちね》は御影石《みかげいし》の山なり。この山の小国《おぐに》に向きたる側に安倍ケ城《あべがじよう》という岩あり。険しき崖《がけ》の中ほどにありて、人などはとても行き得《う》べき処《ところ》にあらず。ここには今でも安倍貞任《あべのさだとう》の母住めりと言い伝う。雨の降るべき夕方など、岩屋の扉を鎖《とざ》す音聞《きこ》ゆという。小国、附馬牛《つくもうし》の人々は、安倍ケ

城の錠の音がする、明日は雨ならんなどという。（『柳田國男全集』第四巻、ちくま文庫）

やはり山梨県の伝説に出てくる秋山光朝の父、加賀美遠光《とおみつ》（一一四三〜一二三〇）、岩手県の伝説に出てくる安倍貞任（?〜一〇六二）などからして、この二つの伝説の舞台となっている時期は十一世紀から十二世紀で、中世の初頭にあたる。そしてともに天気を告げる山の城跡は落城と結びついていた。

いずれにしろ、城は使用が終わってからも、最初に築いた者の霊魂や一族が宿ると考えられることが多いようである。

夜　泣　石

本書の出発点となったのは、長野県塩尻市の夜泣石であった。夜泣石そのものの研究は柳田國男の「夜泣石《よなきいし》の話」（『柳田國男全集』第七巻）をはじめ、すでに相当の蓄積がなされている。現時点におけるその理解を簡単に把握するため、平凡社の『大百科事典』を引くと、大島広志によって次のような説明がなされている。

よなきいし　夜泣石　夜な夜な声を出して泣いたという伝承をもつ石。大別すると三型に分かれる。①村境の石を移動したところ夜泣きをするようになったので、元に戻すと夜泣きがやんだと伝え、聖石移動を夜泣きの要因とする。②女人が死後村境の石と化し夜泣きをするので、旅の宗教家が供養をすると夜泣きがやんだという話。境の神に手向《たむ》けをする宗教家が、この伝説の生成・伝播に深くかかわっていたと考えられる。③妊婦の死後、埋めた石の下から毎夜赤子の泣声が聞こえたので夜泣石の名がついた。この場合は掘り起こされた赤子が成人して高僧となったと説き、〈赤子塚《あかごづか》〉〈子育て幽霊〉の話と関連する。いずれにしても石が声をたてるところに伝説の核があり、石に精霊が宿り、霊魂が出入りすると信じられていた痕跡をとどめている。夜泣石の位置が村境に多いのは、境の神（塞《さい》の神）・道祖神《どうそじん》と結びつきが深いからである。

本書がこれまで扱った夜泣石は、石に霊が宿るとする点ではこの説明と重なるが、大島が提示した三類型の中には入らない。本書で提示している先祖との結びつきによる城や居館を守る石から夜泣石へという視点は、従来とは異なる理解である。

実のところ、夜泣石は、必ずしも三村氏のように滅ぼされたため霊が石にとりついて泣くようになったと説明されるもののみではなく、石が泣く理由はさまざまである。そこでもう一度各地に伝わる夜泣石を取り上げ、それによって夜泣石の特徴を浮かび上がらせたい。

庭石が泣く　塩尻市の夜泣石は、現況を見ると庭石の一部であった可能性があるが、庭石と夜泣石との関係を伝える伝説もたくさんある。

福井県南条郡南越前町のものは、昔、新田義貞が杣山《そまやま》城にいたころ愛《め》でた石であったが、その後里人が庭石として使ったところ毎夜泣き声をたてるので、烏賀《うが》神社に奉納したという。栃木県小山《おやま》市のものは、領主の小山氏が滅ぼされたのち、結城《ゆうき》氏が城を修復した際に石垣の「七つ石」を運んで造園に用いたが、深夜に悲痛な声を発して泣いたため、またもとの石垣にもどしたと伝えられる。愛媛県今治《いまばり》市の多伎《たき》の宮の夜泣石は、昔、参拝に来た領主が境内にある「松たけ石」を庭石にしようと持ち帰ったところ、夜になって石が帰りたいと泣いたため、おそれをなしておくり返したという（徳田和夫「夜泣石」『日本伝奇伝説大事典』）。また福井県吉田郡河合村（現福井市）の夜泣石は、朝倉家の乙部《おとべ》某の屋敷跡の庭石であったが、寺の境内に運んだら、夜ごとに泣き出したのでもとへ運び返したという（柳田國男監修『日本伝説名彙《めいい》』、日本放送出版協会）。

小山市の伝説は石垣の石に特殊な力を込めていたことを伝えている。また庭石は特に意味や力を持っていたようである。現に天正十九年（一五九一）から翌年にかけて甲斐の領主であった加藤光泰が、恵林寺にあてた禁制《きんぜい》（禁止事項）の中には、「庭之樹石掘取事」（『塩山《えんざん》市史』史料編第一巻三九六号文書）などと、庭の石を奪い取ることを禁止した条項があるが、これは前述のような庭石に対する特別な意識を示していよう。

主君と家臣　三重県鈴鹿市岸岡町に伝わる「夜泣石」は、光勝寺の境内にあり、昔、佐藤中務《なかつかさの》少輔《しょうゆう》が主家の神戸《かんべ》家に反したとき、この石に霊仏がのり移って、その不徳を嘆じて夜ごとに泣き声を発したという（『日本伝説名彙』）。

舞台となるのは戦国時代だが、問題は泣石にとりついたという「霊仏」である。仏が不徳を理由に石にこもって泣いたなどとはこれまで聞いたこともなく、またこうした原因で簡単に泣石ができるとしたら、ありとあらゆる場所に泣石が生じてくるはずである。

この伝説に登場する「霊仏」とはいったい何であろうか。この伝説では主家に対する謀反が問題にされている。釜井庵の夜泣石には縁が切れるとの言い伝えが付随しているが、光勝寺の場合、夜泣石に象徴される縁は、主家と家臣の家の縁である。主家との縁切れを不徳として嘆く主体者としては、佐藤氏の先祖しか考えられない。石が泣いて嘆いたのは神戸家との縁切れだけでなく、これまでの例からいえば、切れたのは先祖との結びつきそのものともいえよう。

魂のこもる泣石　平凡社の『大百科事典』での定義にあたる怨念や霊などがこもる夜泣石の伝説は、全国にたくさん分布している。三例を岩崎清美編の『伊那の伝説』（歴史図書社）から、また一例を江戸時代の随筆からあげよう。

①長野県飯田市上郷町《かみさと》の「子泣石」

字天王原《てんのうはら》の田の畔《あぜ》にある。この石が昔、悲しい子供の声で泣いたという。正徳五年（一七一五）六月の大洪水で、飯田の城下は泥海のようになった、未満水《ひつじのまんすい》とよんだのがそれであった。その時山から崩れて来た大岩が、ここで小児を一人圧し殺した。それから後の毎夜毎夜、その石の下で小児の泣き声が聞こえるようになった。それを憐れんで、村の人たちが供養のために石の上に地蔵を建ててやってから、小児の泣き声は聞こえないようになったという。

泣き声は地蔵を建てるまで続いたとされるので、この石に子供の霊がのり移ったということなのだろう。正徳の水害は大変な被害をもたらした有名な災害で、今も飯田市に現存する石が伝説の主である。

②長野県飯田市上郷町の「夜泣石」

黒田の畑の中にある。昔一人の旅人が病気にかかって行き倒れたため、冷たい土の下に葬られた。墓の標にのせた石には真っ黒く苔《こけ》が生え、それに浮かばれぬ魂が宿ったのか、日の暮にかかる頃、その塚の周囲を三度廻ると、石が悲しい声を立てて泣いたという。

③長野県下伊那郡阿智《あち》村の「千人塚の赤子石」

この石は同村駒場の入り口、オシナ坂にある。持ち主に祟《たた》るといって坂の下からここへ引き上げられたのが、夜泣石であった。昔このあたりに大合戦があって、代官の某もここで討死にした。その妻は希代《きたい》の勇婦で、抱えていた赤児を石の陰に隠し置き、長刀《なぎなた》を振って敵と戦った。その間に赤児が石の下になって死んだので、彼女はこれまでと覚悟を決め、山伝いに落ち延びて自害した。それから数日が経って、その石の下から乳を欲しがる赤児の声が聞こえるようになった。月の暗い晩など、石の下で泣く赤児の声を聞いた者は大勢あった。乳の出ない母親や、乳の病気に悩む女が、この赤子石に願をかけると不思議に病気が治るといい、遠方からわざわざお参りに来る者もあるという。

これらの夜泣石伝説では、異常な死を遂げた人の霊魂が石にのり移って、夜になるとその不幸を泣く内容になっている。しかもそれらは事故現場の石であって、それ以外の離れたところに霊が移っているわけではない。これらは交通事故現場に供えられた花のように、死の現場にこそ魂が残るとする現代人が持っている意識へつながるといえよう。

④田村家の庭の石

江戸時代の中期に根岸鎮衛《ねぎしやすもり》が著した随筆である『耳嚢《みみぶくろ》』の「奇石鳴動の事」によれば、享和二年（一八〇二）の夏、ある人が来て、「田村家の庭に石があるが、その辺りには誰も近寄らない」などと鎮衛に話した。そのいわれを尋ねたところ、昔、元禄の頃（元禄十四年・一七〇一）、赤穂浪士によるあだ討ちの出発点となった江戸城中での狼藉《ろうぜき》の罪によって、浅野長矩《あさのながのり》が田村家にお預けとなり、この庭で切腹した。その跡に大石を置いて印とした。その頃、田村の本家である仙台伊達《だて》家より、「諸侯を庭で切腹させるとは礼を失している」と責めがあった。今年（享和二年）はどうしたわけか、この石が鳴動したというものである。

奇石は浅野内匠頭《たくみのかみ》長矩が切腹した場所の目印なので、この石に彼の霊がこもったと理解されたようである。したがって、この石の鳴動は浅野の霊が何らかの意思を田村家の者に伝えている、と解釈されたと思われる。またこの石が庭石であったことにも注意しておきたい。

第二章　藤原氏と源氏

これまで触れてきた伝説などの舞台となっている多くは戦国時代、つまり中世末期である。仮にこの伝説が中世に根を持つものだとすると、当時の社会に生きた人々にはこうした内容は、共通の理解を得られたのだろうか。墓などの鳴動によって子孫の危機を知らせるといった意識は、どのくらい前にさかのぼれるのであろうか。

第一章では、氏を基礎とした一族に危機を告げる音を確認した。氏のうちで最も代表的なのは「源《げん》平藤橘《ぺいとうきつ》」と呼びならわされた、源氏・平氏・藤原氏・橘氏である。中世以降に作られた系図の多くが先祖をこの四氏に結びつけていることからしても、日本を代表する氏族であることは疑いない。

一族がまとまっていく上で祖先の墓や氏神が重要な役割を果たしていたならば、四氏の中にもそうした事実があってもよいだろう。そこで本章では古代から大きな勢力を誇った藤原氏、中世以降に大きな勢力を持った源氏を取り上げ、先祖の墓や氏神などが一族に何か事件が起きようとする前に、あらかじめ知らせるような音を出したかどうかを探っていきたい。

藤原鎌足の墓と春日山

まず、事件の前に墓などが鳴動して子孫に危機を伝えた事例を取り上げていく。

奈良県桜井市の多武峰《とうのみね》の談山《たんざん》神社にある藤原鎌足の廟《びょう》（墓）や藤原鎌足の像は、中世を通じて事件が起きる前に鳴動していたとされる。これらの鳴動は落城の前に石が泣いたり、唸《うな》ったりした伝説につながる可能性がある。そこで、墓が鳴動した事実を確認することから始めたい。

多武峰談山神社　最初に談山神社がどのような由緒を持つのかを知っておいた方がよいだろう。

現在の談山神社の称は明治の神仏分離令以降で、明治以前には多武峯寺《とうのみねでら》と呼ばれていた。談山の地名は大化の改新（大化元年・六四五）の出発点、つまり中大兄皇子《なかのおおえ》（後の天智天皇）が藤原鎌足と共に、都の東に当たる倉橋山の峰の藤花の下で密談謀計をして、蘇我入鹿《そがのいるか》を討ち滅ぼそうとしたことに由来する。密談した峰を談い《かたら》の山と呼び、これが談山と称するもとになった。多武峯寺の祭神は談山権現、すなわち大織冠《たいしょっかん》、内大臣の藤原鎌足である。

鎌足は天智天皇八年（六六九）十月十六日に亡くなった。遺体が摂津の阿威山《あいさん》に葬られた時、長子の定慧《じょうえ》和尚は唐に滞在していたが、帰朝して次男の不比等《ふひと》に「亡き父の遺言の夢想があったので、尊骸を談峯《だんぽう》に改葬しよう」と建議し、社を建てて祀った。藤原の姓は不比等の家に伝わり、本姓である中臣《なかとみ》氏は意美麻呂《おみまろ》が相続して、神事祭礼を司《つかさど》った。

多武峰の十三重塔は、定慧和尚が唐にいた時に見た中唐の清涼山《せいりようざん》宝池院の塔を模して作ったと伝えられ、現存する建物は享禄五年（一五三二）に再建されたものである。塔を拝する拝所を妙楽寺《みようらくじ》、廟を拝する拝所を護国院《ごこくいん》といい、合わせて多武峯寺と呼んだ。藤原鎌足を祀る本殿は、もと聖霊院、大織冠社、多武峰社とも称した。

このように、談山に藤原氏の祖である藤原鎌足の廟が設けられ、それを祀った寺が談山神社の出発点になった。しかもそれを行ったのは鎌足の長男で、ここに血のつながりの意識が色濃く見られる。ちなみに、地元の伝承などで鎌足が最初に葬られたとされるのは、大阪府茨木市西安威《にしあい》二丁目にある将軍塚《しようぐんづか》古墳で、現在この古墳は大織冠神社として祀られている（『大阪府の地名』、平凡社）。

そして古来天下に異変が起きようとする時、聖霊院《しようりようゐん》に安置された大織冠藤原鎌足の尊像が破裂し、光輝が天を埋めつくし、山上が大鳴動するとされているのである。

鎌足像の破裂と御墓山鳴動　藤原鎌足の神像は、破裂して危険を知らせたというが、具体的にはどんな様子であったのだろうか。

寛政三年（一七九一）に刊行された『大和名所図会《やまとめいしよずえ》』によると、大織冠の像は天下に凶事があれば破裂する。まず永承元年（一〇四六）正月二十四日を初見とし、文治三年（一一八七）まで十三カ度の事例があったが、その後は数知れないほど破裂が起きた。神像が破裂した場合には、その度ごとに天皇に知らせ、勅使が談山神社に登山して宣命《せんみょう》を読んだ。そうすると神像の破裂した箇所は、必ずものように癒えたという。

建久八年（一一九七）に静胤《じょういん》によってまとめられ、寛文九年（一六六九）に筆写されたという『多武峯略記』は、藤原氏に何か事件が起きようとする時、鎌足神像は前もって対処できるよう御面破裂をして怪異を示した。その変を多武峯寺より藤原氏の氏長者《うじのちょうじゃ》に言上すると、氏長者は御使いを遣わし、告文《こうもん》（神に告げ奉る文）を読ませ、あらかじめ危険を知らせてくれた礼を述べると、霊像がもとに復したとする。これを編者は、「霊異掲焉《けちえん》、誠にこれ大権の変作、極聖の示現《じげん》か」、つまり鎌足像の不思議さは著しいが、これは大権現が作り出す変異で、神仏が霊験を示してあらわすものだと評している。

同書は『善妙検校記《ぜんみょうけんぎょうき》』という本を引用して、永承元年（一〇四六）の状況を述べている。それによれば正月二十四日午後六時頃、宮仕えの法師が、「聖霊右御面に四寸余り、破裂せしめ給《たま》う」と告げてきた。次の日、寺の者が確認して氏長者に連絡した。すると氏長者が関係者を招いたので、多武峯寺の住職が上洛し、二月二日に藤原隆佐《たかすけ》に子細を言上させた。これに対して、氏長者からは「住持近参し、委《くわ》しく子細を述べ申せ、明日より始めて六十箇日、仁王経《にんのうきょう》を講筵《こうえん》し、大般若経《だいはんにゃきょう》を勤行《ごんぎょう》すべきなり。今夜の中に、寺家を還着《げんちゃく》すべし」、つまり住職が詳しく報告するように、また明日から六十日間仁王経の講義をし、大般若経を読経すべきなので、僧侶を帰すようにと命令があった。そこで、氏長者の言葉にしたがって御馬一匹、仕丁《しちょう》三人、ならびに兵士三人が午後八時頃に出京し、次の日正午に帰山したという。

談山神社には社会異変を告げるものがもう一つある。それは藤原鎌足の墓（廟）そのものである。神社から山道を五〇〇メートルほど登ると、三叉路《さんさろ》になり、右は本山裏山の頂上「談所《だんじょ》が森」であるが、ここを反対の左に尾根伝いに約五〇〇メートルいくと多武峰の最高峰、標高六一九メートルの御《お》破裂山《はれつやま》の廟所に至る。廟所は鎌足の遺骸を改葬したところと伝えられ、周囲約二七〇メートルの円墳で、柵が巡らされている。

『多武峯略記』は多武峰の鳴動について、次のように説明している。

多武峯寺の鳴動は、帝王理乱《りらん》、国土安危《あんき》、子孫禍福、当寺動静といったことを示し告げる。このためもし鳴動があると、寺は即座に子細を藤原氏の首長である氏長者に言上し、長者は即座に鳴動の意味を問う占いを陰陽師《おんみようじ》に命じた。旧記によれば、当山が震動すればその音は唐まで聞こえるという。古老が伝えるところでは鳴動する場所が、東辺であれば国王に、南辺であれば長者に、北辺であれば氏人《うじびと》（氏の構成員）に、西辺ならば黎民《れいみん》（一般大衆）、中央であれば多武峯寺そのものに怪異があるという。昔から占いの結果として国王・黎民のことが出たことはなく、ただ長者・氏人・当寺の怪異だけである。（現代語訳）（『大日本仏教全書』第一一八冊）

鎌足の墓の鳴動はたんなる墓の鳴動とされず、「御墓山《おはかやま》」の鳴動として人々に意識された。古来なにか変事が起きようとする時は、妙楽寺背後の御廟山が鳴動する神異があったので、山を御破裂山と呼んだのである。鳴動する位置によってどのような人々に怪異があるかわかるというが、実際の鳴動では朝廷や一般人の事例はなくて、氏長者、氏人、多武峯寺（本来鎌足の廟のある妙楽寺）の異変を伝えたので、御墓山の鳴動は藤原氏の祖である藤原鎌足の霊が、その子孫である藤原氏の構成員に何か災いが起きようとする時、墓を鳴動して知らせるところに第一義があったといえる。御墓山の鳴動は、藤原氏の祖先が子孫を見守り、保護する象徴だったのである。

地元では、鳴動を最もよく聞き得るところを立《た》ち聞《ぎ》きの芝《しば》といい、一カ所は御破裂山の東方、針道《はりみち》字茶屋《ちゃや》、もう一カ所は御破裂山の西方、北山字菖蒲《しょうぶ》であった（『奈良県史』民俗下巻、名著出版）。談山神社では鳴動を聞く場所までが指定されており、鳴動がいかに注目されていたかを伝えてくれる。

『多武峯略記』によれば鳴動には順序があり、最初に粟原《おうばら》（奈良県桜井市）で起きるというが、粟原という場所は多武峰のすぐ近くである。その次に大原で聞こえるが、大原とは奈良県明日香村字小原《おはら》のことで、ここは藤原鎌足の誕生の地とも言い伝えられている（『奈良県の地名』、平凡社）。そして最後に談山神社の順で鳴動したとされる。注意したいのは、鳴動が多武峰だけではなく、椎岡《しいがおか》、栄山《さかえやま》、岩野辺《いわのべ》の三カ所にある墓でも鳴るとしていることである。おそらくこの三カ所にも鎌足の墓とされるものがあったのであろう。事件を告げる鳴動は、多武峰という地だけの特殊性ではなかったことになる。

寺自体が成立したり、彼の像を作ったのが鎌足の廟を構築した後なので、本来は墓の鳴動の方が像の破裂より先にあったと考えられる。しかし、像の方が直接鎌足と結びつきやすく、理解もしやすかったからであろう、異変を告げる主体は墓の鳴動から像の破裂へ移って、こちらの方が有名になり、中世以降、多武峰の異変といえば、像の破裂が想起されるようになっていったものと推察される。

破裂と鳴動の時代　藤原鎌足の墓鳴動や彼の像が破裂したことについて、史料などから多武峯寺の異変として伝わっている事例を取り上げてみたい。「神像破裂」「尊像破裂」は同意味であるが、あくまで史料上の文言を拾っている。また年号等は出典の記載によっている。

昌泰元年（八九八）　2月7日―神像破裂（破記）
永観2年（九八四）　11月8日―多武峯鳴動（小右記《しようゆうき》）
永祚元年（九八九）　6月6日―破裂（破記）
寛仁2年（一〇一八）　1月24日―多武峯鳴動、占う（小右記）
長元2年（一〇二九）　4月2日―多武峯鳴動す（小右記）
長元4年（一〇三一）　4月12日―多武峯鳴動により御占（小右記）
永承元年（一〇四六）　正月24日―尊像破裂（略記、破記、多武峯縁起）
永保元年（一〇八一）　3月6日―尊像破裂（略記、破記）
康和4年（一一〇二）　2月6日―多武峯墓鳴動（殿暦《でんりやく》）

5年（一一〇三）10月9日—多武峯鳴動を卜す（殿暦）
長治2年（一一〇五）5月1日—多武峯墓鳴動（殿暦）
天仁元年（一一〇八）9月21日—多武峯鳴動（小右記）
天永2年（一一一一）9月29日—多武峯鳴動を卜す（殿略）
永久3年（一一一五）6月12日—多武峯の鳴動を卜す（殿略）
久安4年（一一四八）12月8日—尊像破裂（略記、破記）
6年（一一五〇）9月26日以前—破裂（玉葉《ぎょくよう》）
仁平元年（一一五一）2月20日—多武峯鳴動して光を放つ（本朝世紀）
仁平3年（一一五三）10月15日—多武峯大織冠破裂（本朝世紀）
保元2年（一一五七）7月1日—破裂（略記、破記）
応保2年（一一六二）2月23日—破裂（略記、破記）
仁安2年（一一六七）7月1日—破裂（略記、破記）
嘉応2年（一一七〇）閏4月13日—破裂（略記、破記、玉葉）
正安元年（一一七一）10月11日—墓鳴動か（玉葉）
2年（一一七二）6月9日—破裂（略記、破記）
7月2日—大織冠像破裂（大織冠像破裂記）

3年（一一七三）7月15日―恠異《かいい》（玉葉）
　　12月25日以前―御墓鳴動（玉葉）
4年（一一七四）7月6日―御墓鳴動。また武智麻呂の墓同時に鳴動（玉葉）
　　12月4日―破裂（略記、破記）
治承2年（一一七八）3月19日―破裂（略記、破記）
4年（一一八〇）7月22日―破裂（略記、破記）
　　8月5日以前―鳴動あるいは破裂（玉葉）
養和元年（一一八一）―破裂、7月24日告文《こうもん》（略記、破記、玉葉）
元暦元年（一一八四）7月2日―破裂（略記、破記）
　　7月18日―御墓鳴動（玉葉）
文治3年（一一八七）2月14日以前―恠異《かいい》（玉葉）
　　11月2日―破裂（略記、破記）
4年（一一八八）4月15日―鳴動（玉葉）
5年（一一八九）8月4日以前―恠異（玉葉）
　　10月3日以前―鳴動（玉葉）
正治元年（一一九九）9月10日―尊像破裂（猪熊関白記《いのくまかんぱくき》）

建永元年（一二〇六）9月11日―墓鳴動（猪熊関白記）
承元元年（一二〇七）8月7日―墓鳴動（猪熊関白記）
2年（一二〇八）4月14日―破裂（破記）
3年（一二〇九）2月26日―墓鳴動（猪熊関白記）
9月19日―墓鳴動（猪熊関白記）
4年（一二一〇）6月2日―墓鳴動（猪熊関白記）
建暦元年（一二一一）閏正月9日―墓鳴動（猪熊関白記）
寛喜2年（一二三〇）閏正月7日―墓鳴動（明月記《めいげつき》）
寛元4年（一二四六）4月29日―鳴動（葉黄記《ようこうき》）
建長元年（一二四九）正月23日―墓鳴動（岡屋関白記《おかのやかんぱくき》）
建長2年（一二五〇）10月21日―墓鳴動（岡屋関白記）
弘安4年（一二八一）9月25日―破裂（一代要記、歴代最要《さいよう》、他）
5年（一二八二）10月27日―多武峯御墓鳴動（勘仲卿記《かねなかきょうき》、続史愚抄《ぞくしぐしょう》）
12月17日―30日等、多武峰御墓鳴動及び光明（兼仲卿記）
6年（一二八三）10月4日以前―御墓鳴動（兼仲卿記・追17日）
7年（一二八四）10月18日以前―破裂（兼仲卿記）

嘉元3年（一三〇四）12月20日―春日若宮水屋の鑰《かぎ》鳴る（春日若宮神主祐春記）
元弘2年（一三三二）2月29日―鎌足像破裂（歴代破裂集）
3月19日―破裂（破記）
暦応4年（一三四一）10月21日より先―鳴動（兼英記抄）
興国5年（一三四四）6月8日―多武峯鳴動し、大織冠像破裂（師守記《もろもりき》）
文和元年（一三五二）10月8日―告文（安富記《やすとみき》、神楽秘曲事抄《かぐらひきょくじしょう》、告文抄《こうもんしょう》）
貞治元年（一三六二）7月19日―多武峯鳴動（安富記）
永和元年（天授元・一三七五）6月26日頃―破裂（道嗣公記《みちつぐこうき》、拾芥抄《しゅうがいしょう》、系図）
応永7年（一四〇〇）閏正月11日以前―御墓山鳴る（迎陽記《げいようき》）
8年（一四〇一）2月6日―多武峯鳴動、この日祈らせる（迎陽記）
22年（一四一五）11月6日―多武峯鳴動、祈らせる（多田院文書）
嘉吉元年（一四四一）2月26日―破裂（破記）
2年（一四四二）2月27日―御廟鳴る、及び御体破裂（安富記・追、砂巌《さがん》）
8月20日？―御廟また鳴る（安富記・追、砂巌）
9月―大織冠廟震動（破記）
3年（一四四三）―破裂（看聞日記）

長禄3年（一四五九）―破裂（破記）
寛正3年（一四六二）10月28日―破裂（破記）
　4年（一四六三）2月―破裂（大乗院寺社雑事記《だいじょういんじしゃぞうじき》）
　6年（一四六五）9月13日―破裂（破記、大乗院寺社雑事記、親元日記、蔭涼軒日録、東寺百合文書）
文明7年（一四七五）2月14日―破裂、卯刻《うのこく》御墓山声令鳴動（破記）
　8年（一四七六）正月12日―（御像）破裂（和長卿記《かずながきょうき》・追、再昌記《さいしょうき》）
　9年（一四七七）6月―内容不明（親長卿記《ちかながきょうき》）
　18年（一四八六）11月9日―神像破裂（和長卿記・追、明応7年12月20日）
長享2年（一四八八）4月25日―多武峯廟檀松の樹、風なくして顛倒《てんとう》（親長卿記）
明応5年（一四九六）10月13日―神像御頭破裂（和長卿記）
　6年（一四九七）3月9日―神像御頭破裂（親長卿記、御湯殿上日記）
　　3月20日―御像破裂（和長卿記、破記）
　7年（一四九八）正月1日―神影破裂（長暦《ちょうれき》、親長卿記、和長卿記、拾芥記《しゅうがいき》、破記）
　　8月26日―御像破裂（親長卿記、言国卿記《ときくにきょうき》）
　　9月12日―御像破裂（宣胤卿記、実隆公記、和長卿記、御湯殿上日記、大乗院

寺社雑事記）
8年（一四九九）―廟鳴動（宣胤卿記、大乗院寺社雑事記）
永正3年（一五〇六）9月4日―破裂（破記）
7年（一五一〇）2月28日―神像破裂（秘抄、宣胤卿記・追）
3月4日―破裂（破記）
4月4日―破裂（実隆公記、大乗院寺社雑事記）
6月5日―神像破裂（秘抄、宣胤卿記・追）
11月25日―破裂。26日―北方鳴動（破記）
12月1日―神像重ねて破裂（宣胤卿記・追、秘抄）
12月―神像破裂（宣胤卿記）
8年（一五一一）3月29日―破裂、祈る（宣胤卿記、実隆公記、淡山神社文書）
15年（一五一八）11月2日―神像破裂（宣胤卿記、砂巌）
16年（一五一九）2月11日―御墓山鳴る（宣胤卿記・追、砂巌）
大永6年（一五二六）9月28日―多武峯鳴動（後法成寺《ごほうじょうじ》尚通公記《ひさみちこうき》）
天文元年（一五三二）9月25日―破裂（後法成寺尚通公記、華頂要略《かちょうようりゃく》、先代破裂集）
11月―破裂（破記）

　　　2年（一五三三）3月14日以前―鳴動（言継卿記、御湯殿上日記《おゆどののうえのにっき》）
　　　　　　　　　　3月17日―破裂（破記）
　　　3年（一五三四）8月11日―破裂（破記）
天文11年（一五四二）9月25日―破裂（破記）
永禄10年（一五六七）4月25日―破裂（多門院日記《たもんいんにっき》）
慶長12年（一六〇七）閏4月2日―未刻《ひつじのこく》前神廟後峰大鳴動（破記）
　　　　　　　　　　7月―多武峯大織冠の像破裂し、流血甚だしき（徳川実紀）
　　　　　　　　　　9月25日―破裂。午刻《うまのこく》山西北方鳴動（破記）
慶長13年（一六〇八）8月9日―像破裂（舜旧記《しゅんきゅうき》、多武峯破裂記）
　　　　　　　　　　9月1日―像破裂（総光卿記《ふさみつきょうき》、太田記、皇年代略記《こうねんだいりゃっき》、諸家伝《しょかでん》）
慶長19年（一六一四）7月18日―多武峯大織冠社壇近日破壊す（徳川実紀）
寛永13年（一六三六）―御山鳴動。これ島原一揆の前表か（破記）
寛文元年（一六六一）正月14日―戌刻従御廟山嶺光物出（破記）
安永8年（一七七九）10月21～22日―御陵山日夜数度《すうど》鳴動（破記）

〔出典　略記＝『多武峯略記』（『群書類従　釈家』）、『大日本仏教全書』寺誌叢書二）、破記＝『大織冠神像破裂記附録』（『大日本仏教全書』寺誌叢書二）〕

以上に見られるように、談山神社の異変として伝わっている事例は、神像の破裂が圧倒的に多い。具体的には昌泰元年（八九八）二月七日の神像破裂が最古で、安永八年（一七七九）十月が最後になる。

多武峰に廟が築かれた時期は明確ではないが、鎌足が天智八年（六六九）に死亡したことからして、七世紀後半と考えられる。異変が知られるのは、それから二百年以上もたった九世紀の末に至ってからである。建久八年（一一九七）に成立した、『多武峯略記』はその最古の事例を永承元年（一〇四六）にしている。また『多武峯縁起』は一条兼良《いちじょうかねら》（一四〇二〜八一）の作とされてきたが、ここでも最古の事例を永承元年にしている。これに対し昌泰元年（八九八）と永祚元年（九八九）の事例を伝える『大織冠神像破裂記附録』は、天保十一年（一八四〇）にできたものである。したがって中世の寺側の公式記録によれば、鳴動が連続するのはさらに遅れて十二世紀の半ばからということになる。実際鳴動が社会に広く受け入れられるようになるのは、『多武峯略記』の成立する前後からであろう。

表によるならば、鳴動などが一般化するのは十二世紀の半ばからであり、それがほぼ終わるのは十七世紀の前半である。

つまり、藤原氏の祖である鎌足の廟や神像がその子孫に未然に危険を伝えてくれるとの意識は、いわゆる中世と呼ばれる時期を中心に存在した。そしてそれが公的記録の形で残され、貴顕《きけん》の日記などに記されているのである。

異変の状況　多武峯寺の異変の具体的状況を、九条兼実《くじょうかねざね》（一一四九〜一二〇七）の日記である『玉《ぎょく》葉《よう》』から探ってみよう。兼実は藤原忠通《ふじわらのただみち》の三男で、文治二年（一一八六）、摂政・氏長者となり、建久二年（一一九一）から関白に任ぜられた人物である。

承安元年（一一七一）十月十八日の夜に入り、摂政の御使いがまだ氏長者でなかった兼実の元に、多武峰の怪異（実態は伝わっていないが、これに兼実が墓の鳴動かと注記しているので、主体は墓の鳴動だったようである）について、氏長者が占わせた占形《うらかた》を持って来た。その内容は、「藤原氏の氏長者は口舌《ぜつ》、火事などを慎むように。その上で藤原氏の公卿の中、寅《とら》・申《さる》・未《ひつじ》・亥《いのしし》の年に生まれた人は病事を慎むように。特に注意すべきは三十日の内で、丙《ひのえ》・丁《ひのと》の日である」などとのことで、怪異があったのはその月の十一日だった。

承安二年（一一七二）七月二十日にも、去る十五日にあった多武峰怪異の占形が、摂政のもとより兼実へ送られてきた。それには「病事等を慎むべし」などとあった。同年十二月二十五日にも摂政より、多武峰の「御墓が鳴動したので、今年は兵事や病事が起こる」などと記載された占形が、兼実の所へ届いた。

このように、鎌倉時代の藤原氏一族には、多武峰にある藤原鎌足の墓鳴動や像の破裂によって、先祖が子孫たちにさまざまなことを知らせてくれるとの理解があった。示現への対処は氏長者が中心となって行い、氏人がその指揮のもとに行動すれば、放置しておいたら生じてしまう、藤原氏一族を襲う災異を未然に防ぎうると信じられていたのである。

ということになれば、藤原氏一族は自らが藤原鎌足の後裔であり、彼の霊によって護られているとの意識を抱かざるを得ない。この意識が藤原氏としての結束を固め、逆に構成員の行動を縛ることになったのである。

注意しておきたいのは、藤原鎌足の墓がそのまま峰（山のいただきのとがった所）、そして山へと直結して意識されていた事実である。柳田國男は祖霊のいる場所として山を指摘しているが（「先祖の話」『柳田國男全集』第一三巻）、その意識は藤原鎌足の霊の場合にも確実に存在したのである。

春日山の鳴動　このように藤原氏に危険を知らせたのは多武峯寺の藤原鎌足の墓と像なのであり、多武峯寺は藤原氏にとって一族結集の基盤になる氏寺《うじでら》に相当する。それなら藤原氏の氏神である春日神社（現春日大社、奈良市春日野町）には、一族の危機を告げる鳴動などはなかったのであろうか。

『日本紀略』の天慶二年（九三九）正月二日条に「春日社鳴。如撃太鼓、其後有鳴鏑声」とあり、春日社が太鼓を打つような音で鳴り、その後鏑《かぶら》矢《や》が飛ぶような音があったという。また、同書によれば治暦二年（一〇六六）三月二十八日の亥刻（午後十時の前後二時間頃）に天に光があり春日社が大鳴りしたが、人はその吉凶を知らなかったという。

『百練抄』によれば、寛治七年（一〇九三）五月十四日に春日山が震動している。さらに、『後二《ごに》条《じょう》師通《もろみち》記《き》』の永長元年（一〇九六）十一月二十五日条によれば、辰刻（午前八時の前後二時間頃）に地震があり、「春日御社鳴給」うた。

『玉葉』の治承四年（一一八〇）七月十四日条によると、九条兼実は去る十二日に若宮《わかみや》の御殿が鳴動して戸が開き、その内より鏑《かぶら》（鳴鏑《なりかぶら》ともいい、音響を発するように作られた矢）が二筋射出され、声があったと耳にした。白昼にこの事件が起こったため、多くの人々がこれを見たという。

前後の記載からして、若宮は春日神社の若宮と推定される。神社が鳴動して、その中から鏑矢が出たというのは、神が戦場に向かったことを暗示している（笹本正治『中世の災害予兆―あの世からのメッセージ―』、吉川弘文館）。神の動きが藤原氏の氏神である神社において人間に示されたので、何か社会に異変があると当時の人々に理解され、それが藤原一族の統括者である氏長者のもとに報告されたのである。

文治三年（一一八七）四月九日には九条兼実のもとへ、春日神社で去る六日に御山が鳴動した怪異の占い結果が届けられた。翌日の十日にも、「昨日また春日の御山が鳴動した」と、春日神社から連絡が来たので、兼実は「内々に陰陽師《おんみようじ》へ春日山が鳴動した意味は何かと問い遣わすように」と連絡した。兼実は前年氏長者になっており、藤原氏の統括者としてその対応に迫られていたのである。鳴動に応じて、兼実自身も十一日に春日社怪異に対する物忌《ものいみ》（一定期間、飲食や特定の行為を慎んで、身体を浄め、不浄を避けること）を行っている（『玉葉』）。

同年の五月二十四日、陰陽師が参上したので、兼実は春日神社の怪異が何を意味するか問わせた。四月とは異なる鳴動があったのであろう。占いの結果は、「藤原氏の氏長者に病事・口舌の気があるので、特に丙《ひのえ》・丁《ひのと》の日には慎むように」とのことであった。この対処は、談山神社の鎌足の墓の鳴動によって、氏長者に病気の可能性があると占われた時と、ほとんど同じである。

『百練抄』の文暦元年（一二三四）十月二十六日条によると、戌刻（午後八時の前後二時間頃）に辰巳の方角（東南）に鳴動があったという。あるいは雷の声か、あるいは将軍の墓が鳴ったかということであった。後日になって宇治殿の墓所が震動したと申し上げたと聞いた。

文永元年（一二六四）八月一日の午後十時頃、春日の御山が震動したのを、拝殿《はいでん》巫《かんなぎ》や神人《じにん》などが聞きつけたと春日神社全体を管理統括する者が氏長者に言上した（『春日社記録』）。この時には、午前八時頃より午後六時頃に至る間に、若宮の御殿内が九度も鳴った（同）。

弘安五年（一二八二）正月二十四日丑刻（午前二時の前後二時間頃）に春日社の第二御殿あたりにある神木が鳴動した（勘仲記、続史愚抄）。

正和元年（一三一二年）三月十六日に春日社に恠異《かいい》があった（続史愚抄）。清原宗賢の日記である『宗賢卿記』などによると、文正元年（一四六六）十二月二十日にも春日山が鳴動した。

また、権大納言の甘露寺《かんろじ》親長《ちかなが》の日記である『親長卿記』によれば、文明八年（一四七六）二月一日に親長は、春日神社で若宮八幡宮が鳴動し、その後屋根の瓦が互いに食い合って落ち、春日山が鳴動する怪異があったと耳にした。『大乗院寺社雑事記』によれば、文明十七年（一四八六）十一月に春日山が鳴動し、明応七年（一四九八）正月十七日にも春日山が鳴動した。さらに、文亀二年（一五〇二）九月二十三日にも春日社が鳴動した。十五世紀前半から十六世紀初頭にかけても春日山鳴動が、怪しいことと認識されていたのである。

中世を通じて、神の座す場所である春日山の鳴動は、藤原氏に異変を告げる現象として受け入れられていた。春日神社が藤原氏の氏神として尊崇を受けるためには、氏人に利益をもたらし、藤原氏一族を守る役割を帯びなくてはならないが、それを知らせる手段として氏神の背後の山の鳴動があったのである。このように、本来春日山の鳴動は神による藤原氏の氏人への信号だったが、次第に藤原氏構成員に限らず、広く怪異を告げていると理解されるに至った。ただし、春日山の怪異は多武峯寺の異変ほど世間に広く知られなかったようである。

源満仲の墓と石清水八幡宮

藤原氏とその先祖の鎌足の関係は、藤原氏という特定の氏族だけにみられるものなのであろうか。もしそうならば、先の例は日本中世の一族意識の中でも、きわめて特殊になってしまう。ところが、そうではなかった。

談山神社の藤原鎌足とならんで有名なのが、兵庫県川西市に鎮座する多田神社（本来は多田院《ただのいん》・鷹尾山法華三昧院《たかおさんほっけさんまいいん》）の源満仲《みなもとのみつなか》の墓で、源氏の一族に鳴動して危機を知らせていた。

多田院　多田院（神社）は本来寺で、次のような由緒を持つとされる。

この寺は源満仲の霊廟で、天禄元年（九七〇）に建立され、同二年に比叡山の良源《りようげん》（慈慧《じえ》大師）を導師に迎えて供養をし、源満仲の三男である源賢僧都《げんけんそうず》を最初の住持とした。

源満仲は清和天皇の孫である六孫王源経基《つねもと》（彼が源氏の姓を賜わり、いわゆる清和源氏のもとになった）の子、武門の正嫡《せいちやく》として、延喜十二年（九一二）四月十日に生まれた。彼は鎮守府の将軍を務め、天徳四年（九六〇）に陸奥守に任じられた。満仲は安和二年（九六九）に源連《つらぬ》らの謀反を密告し、左大臣の源高明《たかあきら》を大宰権帥《だざいのごんのそち》に左遷させる安和《あんな》の変のきっかけをつくったことでも有名である。満仲は貞元二年（九七七）八月十五日に六十六歳で剃髪して法名を満慶《まんけい》とし、摂州多田院に住居した後、長徳三年（九九七）八月二十七日に亡くなった。

満仲は「全身をもって当院において葬るべし、永く皇基《こうき》を守護し奉り、且つ宜しく武門を擁護すべし」と遺言してここに葬られたので、遺言通りまさに朝廷や武家に異事が起きようとする時には、満仲の廟が鳴動するのだといわれる。なお、神廟は本社の奥にあり、中央に満仲、東の方に満仲の子供の頼光、その外側左右に兄弟、西の方に足利将軍十三代までの遺骨を納めてある。

『摂津名所図会』によると、満仲の遺訓は「吾《わ》が没後、神をこの廟窟《びようくつ》に留め置き、弓箭《きゆうせん》の家を護るべし。しかのみならず、当院の鳴動をもって、兼ねて応《まさ》に四海の安危を知見ずべし」で、「源氏家の安危は当院の盛衰に依るべし」、つまり自分が神になって武家を守り、鳴動によって天下の危機を伝えるといったという。源氏は皇親賜姓の一つとして朝廷を守る役割を持ち、武門の代表なので、多田院の鳴動も本来は源氏一族を守護するために鳴動していたのが、江戸時代では言い伝えとして天下の危機を教えるとされていたのである。

このように、多田院は天禄元年に創建され、源満仲の遺骸が葬られた。藤原氏の始祖である藤原鎌足の遺骸を納めたのが談山神社なら、摂津多田に館を構え、武士団を形成して清和源氏発展の基礎を築いた源満仲の遺骸を納めたのが多田院だったのである。満仲の三男が最初の住持になったことは、多武峰の場合と同様に血族意識の現れとみられる。

多田院の源満仲の墓の鳴動は、多武峯寺の藤原鎌足の墓の鳴動と、まったく同じ、一族に起きる危険をあらかじめ知らせる意味を持っていたが、これに対応するように二つの廟はともに直接の子供によって守られたのである。

室町時代の多田院鳴動　源満仲の墓の鳴動は、実際にはどのようなものであったのだろうか。ちなみに、室町幕府の将軍となっている足利氏は源満仲の子孫に当たるため、室町幕府の十三代までの遺骨も納められ、多田院は幕府とのつながりが深かった。談山神社の鎌足廟所の鳴動が藤原氏の長者に病気などを知らせたことからすると、室町幕府の将軍となっている足利氏は、その祖が清和源氏の源義家であるだけに、清和源氏の氏長者たる意識を持ったのであろう。満仲の廟の鳴動は、足利氏の一大事と認識され、幕府も鳴動に配慮していたからこそ、残存する関係史料が多いのである。

京都醍醐寺《だいごじ》の座主《ざす》満済《まんさい》の日記である『満済准后日記《じゅごうにっき》』などから確認してみよう。応永三十二年（一四二五）閏六月十三日、多田院の廟が鳴動したので、本坊において祈りの行《ぎょう》を始め、同じく方々へも申し遣わすよう幕府から醍醐寺に命令があった。そこで満済は、明日より行を始めるよう諸方に伝えた。そして、十四日より実際に多田院の廟鳴動を祈禱する愛染護摩《あいぜんごま》を醍醐寺の金剛輪院において勤修《ごんしゅ》した。

応永三十三年（一四二六）十一月二十九日、満済のもとに、先月の二十三、二十四、二十五日の三日間、多田院の御廟が鳴動し、二十五日は一日中に十度も鳴動に及んだため、幕府からお祈りを勤仕《ごんし》するようにと要請があった。つまり幕府は満仲の廟が鳴動すると、それがどのような意味を持つのかを占い、その結果を前提にして、祈禱を醍醐寺に依頼したのである。

応永三十四年（一四二七）十一月十三日には多田院の源満仲廟が二度鳴ったため、幕府は先例によってお祈りを方々に申しつけた。これに応じて、醍醐寺では翌日より祈禱を始めた。

『年代略記《ねんだいりやくき》』によれば、長禄三年（一四五九）にも多田院の廟が鳴動した。また寛正五年（一四六四）十月二十日より源満仲の廟が連日鳴ったため、左大臣の足利義政が、慰撫《いぶ》のために剣や馬などを多田廟に献じた。

『親長卿記』や『長暦』などによると、文明四年（一四七二）七月一日、摂津多田院の満仲廟が鳴った。連絡は朝廷まで達し、参内した甘露寺親長に、鳴動をおさめるため多田院を昇位させるべきかどうか計らうよう命令があったという。その結果、鳴動について一条前関白（兼良《かねら》）以下の七人に勅問があった。結局、正四位下《しょうしいげ》であった源満仲に従二位《じゅにい》を贈ることになった。

この時の対応は、鳴動している廟の主の位を上昇させることによって、満仲の霊の機嫌をとろうとするものであった。この場合は源氏の一族の危険を伝えるというよりも、満仲の霊そのものが朝廷に異議を唱えていると解されたのであろう。

多田院文書によれば、文明十四年（一四八二）九月十四日に多田の廟が鳴動した。延徳二年（一四九〇）閏八月十一日には多田廟の鳴動によって祈禱がなされた。翌、延徳三年九月七日にも鳴動があった。さらに、永正四年（一五〇七）七月十六日にも多田院で鳴動があった。

石清水八幡宮の鳴動　藤原氏の氏神が春日神社ならば、源氏の氏神は京都府八幡《やわた》市にある石清水《いわしみず》八幡宮である。この神社は朝廷の尊敬も篤かったが、清和源氏の源頼義・義家以降、武士により各地に勧請《かんじょう》され、特に頼朝が鎌倉の鶴岡《つるがおか》八幡宮を崇敬してから、源氏の氏神として諸国に祀られた。だから第一章で見たように、甲斐源氏の武田氏も八幡社を信仰したのである。石清水八幡宮においても、春日神社のような氏人に危険を知らせる鳴動の事実はあったのだろうか。

鎌倉後期に石清水八幡宮の祠官によって作られたといわれる、八幡神の由来・因縁を書いた『八幡《はちまん》愚童訓《ぐどうくん》』には、「今この社壇は天下の不思議あらんとては、鳴動する事必あり」と記されており、天下に何か起きようとする時には、石清水八幡の社殿が必ず鳴動すると理解されていたことが知られる。

また後述のように、史料からすると社殿とともに石清水八幡宮の鎮座する男山《おとこやま》が鳴動している。山が鳴動するのは、多武峰において藤原鎌足の廟鳴動と山の鳴動が同一視されたのと同じで、神のより来る山としての意識が強く存在したからであろう。ちなみにこの山は、石清水の名に示されているように、岩の多い独立峰で、緑の木々に覆われ、いかにも神が来臨すると想像しそうな山である。

気づいた限りでの石清水八幡宮鳴動の事例を挙げると、次のようになる。年号等は史料による。

嘉保2年（一〇九五）9月30日―石清水宝殿の鳴動を軒廊御卜《こんろうのみうら》（石清水文書）
永長元年（一〇九六）9月―石清水八幡宮の釜の鳴動により軒廊御卜（後三条師道記、中右記）
康和2年（一一〇〇）3月17日―石清水八幡宮鳴動（師守記、石清水八幡宮記録）
　3年（一一〇一）2月22日―御殿が鳴動（石清水八幡宮史史料第四集）
長治2年（一一〇五）11月17日―男山鳴動、また神功皇后《じんぐう》・成務《せいむ》天皇の両山稜が鳴動（同右、師守記）
保延3年（一一三七）正月22日―御山が鳴動（同右）
　2月22日―石清水八幡宮鳴動（石清水八幡宮記録）
仁平3年（一一五三）11月18日より三日間―御山鳴動（石清水八幡宮史史料第四集、兵範記）
嘉応2年（一一七〇）8月15日―東の御宝殿が三回にわたって鳴る（石清水八幡宮史史料第四集）
　12月5日―宝殿鳴動（師守記）

元久2年（一二〇五）2月11日以前―御釜鳴動（石清水八幡宮記録）
嘉禄3年（一二二七）5月29日―御山鳴動（石清水八幡宮史史料第四集）
6月2日―宝殿鳴動（同右）
貞永元年（一二三二）5月5日―八幡宮の神殿振動（同右）
天福元年（一二三三）5月7・12日―高良宮《こうらのみや》の御正体《みしょうたい》鳴動（吾妻鏡《あづまかがみ》）
文暦元年（一二三四）9月10日―八幡宮鳴動（百練抄）
建長6年（一二五四）9月29日―八幡宮鳴動（吾妻鏡、経俊卿記）
建長7年（一二五五）4月28日以前―御山鳴動（吾妻鏡、百練抄）
8年（一二五六）6月14日―八幡宮に光物、鳴動（石清水八幡宮史史料第四集）
康元元年（一二五六）6月13日―八幡宮鳴動（皇年代略記）
正元元年（一二五九）閏10月5・10日―御山鳴動（石清水八幡宮史史料第四集）
文永11年（一二七四）6月14日―石清水八幡宮高良社鳴動（石清水文書）
弘安3年（一二八〇）11月9日―御山鳴動（石清水八幡宮史史料第四集）
9年（一二八六）12月19日から三日間―社壇鳴動（同右）
10年（一二八七）6月2日―宝殿鳴動の怪異（同右）
正応2年（一二八九）9月14・15日―石清水の広田社《ひろたしゃ》等鳴動（同右）

延元元年（一三三六）5月6日―石清水八幡宮鳴動（皇年代略記、石清水八幡宮記録）
建武4年（一三三七）11月9日―御山が両度震動（皇年代略記）
　5年（一三三八）3月14日―御山三度鳴動（同右）
康永3年（一三四四）11月7・20日―御山鳴動（同右、園太暦《えんたいりやく》、師守記）
貞和5年（一三四九）閏6月3日―八幡社の宝殿鳴動（園太暦、師守記、太平記）
文和2年（一三五三）9月3日―八幡宮寺の経所鳴動（石清水八幡宮史史料第四集）
　9月24日―石清水鳴動（同右）
応永2年（一三九五）閏7月5日―夜、男山が十一度にわたって鳴動（同右）
　27年（一四二〇）正月10日―早朝、八幡山の鳴動数度（看聞日記《かんもんにっき》）
　28年（一四二一）10月18日―夜、八幡山鳴動（同右）
　31年（一四二四）6月23日頃―御山震動（同右）
　32年（一四二五）7月15・17日―八幡しきりに鳴動（同右）
　34年（一四二七）8月25日―御山鳴動（兼宣公記、薩戒目録、石清水八幡宮史史料第四集）
永享4年（一四三二）11月18日―戌刻《いぬのこく》八幡社頭が三度鳴動（満済准后日記）
　8年（一四三六）11月8日―男山震動し、怪光北より南へ飛ぶ（看聞日記、大乗院寺社雑事記目録）

寛正2年（一四六一）—鳴動（碧山日録《へきざんにちろく》、続史愚抄）
文明13年（一四八一）3月16日頃—石清水が鳴動（年代略記）
14年（一四八二）3月—八幡鳴動（石清水八幡宮史史料第四集）
15年（一四八三）10月17日—鳴動（同右）
18年（一四八六）9月2日—八幡山鳴動（親長卿記）
明応7年（一四九八）10月28・29日—御山鳴動（石清水八幡宮史史料第四集）
永正5年（一五〇八）2月22日—石清水八幡宮及び若宮の末社など火事前に鳴動（公卿補任、元長卿記）
10年（一五一三）正月4日—夜、八幡鳴動、光物が飛ぶ（石清水八幡宮史史料第四集）
天文元年（一五三二）2月15日—石清水八幡宮鳴動（実隆公記）
天正5年（一五七七）9月20日—石清水宮鳴動（公卿補任）
元和4年（一六一八）10月26日—八幡鳴動（石清水八幡宮史史料第四集）
寛永9年（一六三二）正月5日—将軍塚と八幡山が鳴動（同右）

このように実に多くの鳴動が知られるのである。

鳴動への対応　石清水八幡宮に祀られているのは誉田《ほむた》別尊《わけのみこと》（応神天皇）、息長《おきなが》帯比売命《たらしひめのみこと》（神功皇后）などで、源氏の先祖にあたると同時に天皇家の先祖であった。したがって石清水八幡宮は天皇家とも密接な関係を持っており、その鳴動は源氏のみならず朝廷や国家の異変なども結びつけて考えられた。

仁平三年（一一五三）には十一月十八日より三日間御山が鳴動したので、軒廊御卜《こんろうのみうら》（天変地異や不吉な事があるごとに内裏紫宸殿《だいりししんでん》の軒廊で行われた占い）がなされた。こういった事例は多く、嘉禄三年（一二二七）五月の御山が鳴動、同年六月二日午前六時頃の宝殿鳴動、建長七年（一二五五）四月の御山鳴動、正元元年（一二五九）閏十月五日と十日の御山鳴動などで、軒廊御卜が行われている。

天福元年（一二三三）五月七日の深夜零時、十二日の午前四時頃、男山八幡宮の高良宮《こうらのみや》の御正体《みしょうたい》（鏡の表面に神像・仏像・梵字《ぼんじ》などを線刻し、社寺に奉納、礼拝したもの）が鳴動した。その声は一山を覆い、また光があって東を指し、日月のようであったという。かつてこのような奇異はなかったので、この事実は急いで鎌倉幕府に連絡された。将軍の御所で占《うらない》を行ったところ、恐れ申すには及ばないとの結果が出た。

鎌倉幕府をうち立てた源氏にとって、石清水八幡宮は氏神ともいえるだけに、その鳴動への対応は幕府によってなされたのである。

応永二十七年（一四二〇）正月十日の早朝、八幡山の鳴動が数度あった。これについて伏見宮貞成《ふしみのみやさだふさ》親王《しんのう》（後崇光院《ごすこういん》）は彼の日記『看聞日記《かんもんにっき》』の中に、「天下の恠異《かいい》、何事有らんや」と記している。石清水八幡宮の鎮座する山の鳴動は、社会に何かが起きる予兆と理解されたのである。応永三十二年

（一四二五）七月十五日と十七日に八幡がしきりに鳴動し、将軍塚（東山であろう）も連続して鳴動した。同じく貞成親王は「天下の恠異、不審」と日記に記した。

ここでは鳴動したのが八幡宮の神体か、神社そのものかはっきりしないが、天下の怪異と認識されたのである。ちなみに八幡とならんで将軍塚が鳴動していることも注目されるが、将軍塚については次章で触れる。

永正五年（一五〇八）二月二十三日の午後十時頃、石清水八幡宮の社殿および若宮の末社などに、火事があった。火事は若宮の灯籠《とうろう》、あるいは灯明《とうみよう》および武内社《たけうちしや》内より起こったともいわれた。幸い神社の宝物である三所の璽《じ》（神器）、神鏡、宝剣、また若宮四所神体などは無事だったが、この火事の前に鳴動が起きたという。

この鳴動は神社の異変を知らせたわけで、多武峰談山神社の御墓山の中央が鳴動すれば神社に異変が起きるとの伝承と同じ役割を示したのである。

音の実態　それでは石清水八幡宮の鳴動の音はどのようなものであったのだろうか。嘉応二年（一一七〇）八月十五日、石清水八幡宮の東の宝殿が三回にわたって動いて鳴ったが、その声は鐘の響きのようだったという。したがってこの時には、寺の鐘のゴーンと鳴るような、低音の響きを持つ音だったのであろう。

応永三十一年（一四二四）六月二十三日頃、石清水八幡宮では神人《じにん》が蜂起した。彼らが社壇を奪取し薬師堂を占拠した時、御山が震動した。彼らが薬師堂を奪取する前に夕立があったがその時、北野社の宝殿も鳴動し、その後、光物が南を指して飛んだ。世間ではこの事件について、御霊《みたま》が八幡へ飛んだのではないかとうわさした。音の説明は詳しくはされていないが、夕立の時、光とともにということなので、雷の鳴るような音であったのだろう。

文明十八年（一四八六）九月二日、雨が降り大風が吹いたが、大風の時分に八幡山が二度鳴動し、輝くものがあった。鳴動は諸人が聞き、はじめは雷鳴の音かと思っていたが、後に八幡山とわかった。鳴動の音は雷鳴のごとくであり、光とともに人々に何かを知らせるシグナルと理解されていた。音、光とも雷の象徴であるが、この時には低音のゴロゴロというような音だったのであろう。

こうした状況からすると、石清水八幡宮の鳴動とは低音で遠くから聞こえる、雷のような音であったようである。

第三章　塚や墓と鳴動

先祖が墓を鳴動させて子孫に危機を知らせたことについては、前章で縷々《るる》述べた。墓を作り死者を弔う行為そのものが、人間を他の動物と区別する指標になりうるが、先祖の墓を維持し、祖霊に安全を守ってもらうことは、血縁によって自分を社会の中にいかに位置づけるかという、自己認識にもつながってくる。

ところで、社会における人間関係・集団を考えるに際して、血のつながりの中で自己を意識することと並んで、もう一つ重要なのは国家や地域共同体の中に個人を位置づけることである。

そこで、この章では塚や墓による事件の起きる際の前触れと、国家や地域共同体との関係などについて考察していく。

将軍塚

鳴動して異変を知らせる代表格、談山《たんざん》神社と多田院《ただのいん》の場合、共に鳴動の母胎《ぼたい》をなしたのは、一族の出発点に位置づけられて埋葬された人物の墓、祖先の霊廟であった。墓のことを塚ともいうが、墓や塚は遺体や遺骨を埋葬した場所で、故人を記念する建造物ともなる。

塚（墓）と鳴動は、中世の事例からして密接に関係しているようである。たとえば、第二章で見た『多武峯略記《とうのみねりやくき》』には、多武峰の藤原鎌足の廟の鳴動に関係して、椎岡《しいがおか》、栄山《さかえやま》、岩野辺《いわのべ》の三所の墓所が鳴動するとあった。こうした事例は子孫とのつながりを前提にしていたが、ここでは血縁関係のない塚が鳴動する意味を考えていきたい。

塚が鳴動する事例をほかに探してみよう。

京都の将軍塚　大阪府茨木市西安威《にしあい》に将軍塚古墳があり、これを藤原鎌足の墳墓とする説がある。そもそも将軍塚というのは昔、将軍に代表される武将を埋めたとの伝承をもつ塚のことで、中でも鳴動する塚で有名なのは京都の将軍塚である。したがって、鳴動と将軍塚とは何らかのつながりがありそうだが、京都の将軍塚は京都の町を一望できる東山の華頂山《かちようざん》にあり、周囲を木の柵に囲まれて、塚の部分には松などが生い茂っている。

京都の将軍塚について、仁治元年（一二四〇）以前に原型が成立したと考えられる『平家物語』には、次のような説明が見える。

桓武天皇が平安京を営んだ時に、大臣・公卿や各方面の専門家に相談して、この都が長久であるようにと、土で八尺（約二・四メートル）の人形《ひとがた》を作り、鉄でできた鎧《よろい》と兜《かぶと》を着せ、同じく鉄でできた弓矢を持たせて、東山の峰に都を見下ろすように西向きに立てて埋めた。天皇は末代にこの都を他国に移すようなことがあったら、守護神となるようにと人形と約束をした。そこで天下に異変が起ころうとする時には、この塚が必ず鳴動するのである。

中川喜雲《なかがわきうん》が著し、明暦四年（一六五八）に刊行された京都の地誌『京童《きょうわらべ》』も、全く同じ内容を伝えている。現代でも観光ガイドブックにはこの説明が記されているので、同じ伝説が七百年以上も生き続けているといえよう。

ともかく築造の目的が事実ならば、将軍塚は京都を守る装置として意図的に設けられたことになる。また、将軍塚が平安京遷都の時に築造されたとすると、延暦十三年（七九四）に築造されたことになり、鎌足の廟が設けられてから百年ほど後になる。これまで見てきた多武峯寺ができたのが七世紀の後半、多田院の廟が造られたのが十世紀後半なので、八世紀後半に築かれたとされる将軍塚は、談山神社と多田院の中間の時期に位置する。ただし京都の将軍塚は調査によって古墳時代の円墳であることが判明しており、円墳三基からなる将軍塚古墳群の一つをなし、半壊であるが直径四〇メートルを測ることができる。したがって、もともと古墳が平安遷都以前から存在しており、それにこのような伝説が覆いかぶさっていった可能性が高い。

谷川士清《たにがわことすが》がまとめ、彼の死の翌年の安永六年（一七七七）から刊行を開始し、明治三十一年（一八九八）に増補改訂され、わが国の近代的な国語辞書の先駆けをなした『倭訓栞《わくんのしおり》』には、将軍塚の鳴動について次のように説明されている。
　鳴動の最も古い事例として知られる保元元年（一一五六）の場合、大乱の兆しであった。また治承元年（一一七七）の鳴動は、平清盛が福原に遷都した兆しであった。明応二年（一四九三）の鳴動は『親長卿記《ちかながきょうき》』に、享禄三年（一五三〇）の鳴動は『後太平記』に、それぞれ記載が見える。近くは慶長三年（一五九八）八月に鳴動したが、それから間もなく豊臣秀吉が亡くなった。中国の詩にも「将軍塚鳴動洛陽ノ東」とも「将軍塚静家ニ無難」とも書かれている。『賈氏談録《こしだんろく》』には華嶽金天王《かがくこんてんのう》の廟玄宗《げんそう》御製の碑が自ずから鳴り、数里に聞こえると記されている。河内国にある誉田《こんだ》八幡の陵《みささぎ》、同国にある聖徳太子の廟、大和多武峰の廟、摂津国多田満仲の塚も鳴動することがある。（現代語訳）
この説明に従うならば、将軍塚が鳴動した時期もまさしく中世と重なる。

中世の鳴動　それでは、将軍塚は具体的にどのような鳴動をしたのであろうか。
鎌倉時代の中期頃にできた『平家物語』や『保元物語』によれば、保元元年七月二日に鳥羽上皇が亡くなると、かねて皇位継承をめぐって鳥羽と対立していた崇徳《すとく》上皇が、藤原頼長らと結んで武士を集めた。これに対し、法皇の立場を受け継ぐ後白河天皇と近臣藤原通憲（信西《しんぜい》）らが、平清盛や源義朝らの武士を動員して、上皇方を打ち破った。これが保元の乱で、武士の政界進出の端緒となった事件であるが、その前に将軍塚が鳴ったという。『一代要記』や『参考保元物語』にも同様の記事がある。そして、将軍塚は治承元年（一一七七）に鳴動し、福原（神戸市兵庫区）への遷都が行われた。平安時代末期から鎌倉時代初期に内大臣を務めた中山忠親の日記である『山槐記《さんかいき》』や、平安時代後期の貴族である顕広王《あきひろ》の日記である『顕広王記』によれば、治承二年（一一七八）五月二十一日に同じく将軍塚が鳴動した。

つまり、源平の争乱の時期には、すでに鳴動したと意識されていたのである。

『帝王編年記』の天福元年（一二三三）十二月三日条に、「将軍塚鳴動云々」とある。

建徳二年（応安四・一三七一）頃に成立したとされる、軍記物語として有名な『太平記』には、貞和五年（一三四九）二月二十六日の夜半ばかりに将軍塚がおびただしく鳴動して、虚空に兵馬の馳せ過ぐる音が半時ばかりしたので、京都中の貴賤が不思議の思いをなして、何事が起きるのであろうかと肝を冷やしていたところ、翌日の二十七日正午に清水坂《きよみずざか》からにわかに失火して、清水寺の本堂・阿弥陀堂などが一宇も残らず炎上した。およそ天下に大変ある時には、象徴としていつも霊仏霊社が火事になる。また同六月三日に八幡の御殿が午前八時頃より午後六時頃まで鳴動し、神鏑《しんてき》が声を添えて京都を目指して鳴っていった、などとある。

『太平記』はこれまで挙げてきた記録類とは異なるが、天下の怪異の代表として将軍塚の鳴動と八幡社の鳴動が挙げられている。ただし音の具体的様子は不明である。こうした軍記物語に記されるほど、将軍塚の鳴動が固く信じられていたのである。

実際、当時の記録にもこの頃の鳴動が記されている。

①観応元年（正平五・一三五〇）七月二日

近世にまとめられた各天皇ごとの略年代記である『皇年代略記《こうねんだいりやっき》』によれば、この日午後四時頃と午後十時頃に地震があり、夜の八時頃に将軍塚が思ってもみないほど鳴動した。その翌年の観応二年（正平六・一三五一）二月十九日には大地震があり、また将軍塚が鳴っている。この場合、地震の前兆として将軍塚が鳴動したと理解されたようである。

②応永五年（一三九八）二月三日

吉田兼敦《よしだかねあつ》の日記である『兼敦朝臣記《あそんき》』によれば、この日の終日、東山《ひがしやま》将軍塚が鳴動し、夜に流星があった。

③応永二十八年（一四二一）十一月二十九日

『看聞日記《かんもんにっき》』によると、清水寺の塔供養があって童が舞っている間、将軍塚が鳴動したが、これは天下に物言いがあるためだとされた。おそらく神仏が世間に何か言いたいことがあると理解されたのであろう。

④応永三十二年（一四二五）閏六月十六日

広橋兼宣《ひろはしかねのぶ》の日記である『兼宣公記』や中山定親《なかやまさだちか》の日記である『薩戒記《さつかいき》』によれば、この日に東山将軍塚が鳴動した。その翌十七日の午前二時頃には地震で大動し、その後も二、三度大地が揺れたが、この時また将軍塚が鳴った。

⑤永享四年（一四三二）十一月九日

『看聞日記』や『満済准后日記』によれば、山城の醍醐天皇山陵、大和の聖武天皇御廟、将軍塚が鳴動した。

⑥嘉吉三年（一四四三）十一月七日

伏見宮貞成親王《ふしみのみやさだふさ》は、この日に西宮神社の戎《えびす》が転倒して御正体《みしょうたい》が破損したが、この間に将軍塚が鳴動したと耳にし、「天下いまだ静謐《せいひつ》ならざるの間、驚き存ず。また何事か有らんや」と、世上への不安な気持ちを『看聞日記』に記している。彼はその後二十一日の宵にも、二度の鳴動を聞き、「もしや将軍塚か不審」と感想を連ねている。

⑦寛正二年（一四六一）

『大乗院寺社雑事記』によれば、十月二十一日に将軍塚が二度鳴った。『碧山日録』や『続史愚抄』によれば、十一月六日にも鳴動した。

⑧文明十七年（一四八五）

『本朝通鑑《ほんちょうつがん》』や『年代略記』によれば、この年に東山の将軍塚が鳴動した。

⑨明応二年（一四九三）十一月五日

『親長卿記』や『公卿補任《くぎょうぶにん》』によると、この日の朝に将軍塚が鳴ったが、その頃はたびたび鳴動していた。この時、奈良でも猿沢池《さるさわ》の水が泥の如く、あるいは赤く血の如くになったため、数多くの魚が死んだ。また東大寺に火柱が立ち、興福寺の南円堂の本尊である不空羂索《ふくうけんじゃく》観音の瓔珞《ようらく》（仏像などの装飾となった装身具）が、去る十月三十日の地震の時に落ちてしまった。加えて、春日祭の際に大和で国人《こくじん》の合戦があって物騒だったので、下行《げぎょう》物（目上の者から目下の者に与える物）などがなく、祭りを延期した。また、春日山も鳴動した。そのうえ、水無瀬《みなせ》廟の後鳥羽院の墓が鳴動した。

⑩天文四年（一五三五）正月十四日
山科言継《やましなときつぐ》の日記である『言継卿記』によれば、この日、京都は暴風雷雨で東山将軍塚が鳴り、十二間（約二二メートル）ばかりの光が飛んだ。

このように、将軍塚の鳴動は大きな事件の前兆としてあると信じられていた。しかも鳴動する場合には、流星や猿沢池が血のごとくなり、光が飛ぶなど、当時の人々にとって前兆現象や怪異と理解されたこと（笹本正治『中世の災害予兆—あの世からのメッセージ—』）と重なって起きたので、さぞかし人々に恐怖感を与えたことであろう。

近世の鳴動　それでは、将軍塚の鳴動はいつ頃まで意識されていたのであろうか。『本朝通鑑』によると、慶長二年（一五九七）八月十五日に東山将軍塚が鳴り、翌年八月一日にも塚が鳴動した。これは『倭訓栞』が豊臣秀吉の死を知らせたか、と記載してある事例（本書九一頁）に合致する。

『興福寺年代記』によれば、慶長八年七月二十七日に将軍塚が鳴動し、豊臣時代から徳川初期に生きた公家である西洞院時慶《にしのとういんときよし》（一五五二〜一六四〇）の日記である『時慶卿《ときよしきょう》記《き》』によれば、同年八月二十七日にも鳴動した。

公家である小槻孝亮《おつきたかすけ》の日記『孝亮宿禰《たかすけすくね》日次《ひなみ》記《き》』と、神道家の神龍院梵舜《ぼんしゅん》の日記である『舜旧《しゅんきゅう》記《き》』（『梵舜日記』）によれば、元和八年（一六二二）十一月十八日に将軍塚が鳴動した。寛永元年（一六二四）九月二十七日にも鳴動し、寛永二年（一六二五）十一月二十七日、寛永五年二月三十日と鳴動している。陰陽師頭の土御門泰重《つちみかどやすしげ》の日記である『泰重卿記』には、寛永七年七月に将軍塚が鳴動し、客星が東方に見えると記録されている。『時慶卿記』などによると、寛永九年には将軍塚および八幡山が鳴動した。

本島知辰《もとじまともたつ》が記録した『月堂見聞集《げつどうけんもんしゅう》』の享保十四年（一七二九）五月二十六日の記事には、「此間、東山将軍塚、毎夜二度程鳴動すと云《いう》説あり」と見える。

『華頂要略《かちょうようりゃく》』には、「安永帝御悩之時、数度将軍塚鳴動云々」とある。これは安永八年（一七七九）の後桃園天皇死去の前のことであろう。年月等がはっきり記されず、伝聞の形を取っているが、近世にもこうした意識が残っていたのである。

江戸時代中期の国学者・歌人として名高い伴蒿蹊《ばんこうけい》は、享和元年（一八〇一）に刊行された『閑田耕《かんでんこう》筆《ひっ》』の中で、将軍塚について次のように記している。

京都東山の将軍塚が、国家鎮護のため土偶《どぐう》に甲冑《かっちゅう》をかぶらせて埋めた場所であることは世に知られている。このためわずかであっても天下に変があれば必ず鳴動することが、いつの時代であっても変わらず続いてきた。自分が幼かった時には、京都三条の町に住んでいたので、地震でもないのにこだまのような音が聞こえたのを覚えている。その後自分は近江に住み、また洛南に閑居したので、鳴動を聞き忘れたのであろうか、今は気がつかない。ところが、老禅祖芳《そほう》和尚の話によれば、天明六年（一七八六）四・五月の頃から鳴動し、その音がはなはだ怪しいという人がいたけれども、九月六日の深夜三時頃に自分はこれを聞いた。鼓《つづみ》のような声が四段に鳴って、全部で十二声になった。その夜、三条橋が大水で壊れたけれども、そのような軽い程度のことで鳴動するわけがないので、天明八年の平安大火の前兆であったのであろう。『百練抄《ひゃくれんしょう》』に、平家都落ちの時「将軍塚鼓のごとく鳴る」と記されているのに合致する。世の大事という時は、このようなことであろう。将軍塚はおよそ天変地妖、天下の安危をあらかじめ示してくれているのだけれども、人の心が気がつかないものだとのことである。（現代語訳）

ここでは天明八年正月二十九日の京都大火（町数三千百余町、家数十八万三千余が焼失したという）の前に、鼓のような音で鳴動したとする。この時は鼓の音のようにポン、ポンと聞こえたのであろう。

社会に大きな事件が起きる前に将軍塚が鳴動するとの意識は、一部の人の間に間違いなく十八世紀後半まで生き続けていた。しかしながら、近世の時間経過とともにこうした意識も忘れられていったようで、慶長の鳴動からは二百年も経っており、これ以後もこうした話題がない。伴蒿蹊のこの説明も教訓的ではあるが、社会全体の通念とはすでにかけ離れていたように感じられる。したがって、東山将軍塚の予兆としての鳴動も中世を中心に意識され、これが信じられていたのは中世で、近世になると急激に鳴動への意識が薄れていったといえよう。

さまざまな将軍塚　先に見たように京都の将軍塚だけが将軍塚ではない。『倭訓栞』では将軍塚とは本来泉涌寺《せんにゆうじ》の北側に位置する塚のことであるが、知恩院《ちおんいん》にある花園院の陵を誤って称したり、あるいは上粟田《かみあわた》北白川の勝軍山《しょうぐんやま》だといったりするなどと説明している。京都でも将軍塚と呼ばれるのは一つではないが、将軍塚と名前が付けられた塚は各地に存在している。

各地における同じ名前を持った塚でも、京都の将軍塚のように、鳴動によって事件が起きるのを知らせてくれるとの認識はあったのであろうか。ここでは、先に見た将軍塚以外の事例について確認してみたい。

伝説によれば東山将軍塚は、特定の個人の遺体ではなく土人形が埋められたが、実際に将軍に任じられた人物の墓が鳴動することもあった。

その一つが、平安初期の武将として名高い坂上田村麻呂《さかのうえのたむらまろ》の墓である。成立は不明だが元禄二年（一六八九）に写された『田邑麻呂伝《たむらまろでん》』によると、彼は弘仁二年（八一一）五月二十三日に亡くなり、同二十七日に山城国宇治郡栗栖《くりす》村に葬られた。この時に天皇の命令を伝える勅があり、甲冑・兵杖《へいじょう》・

剣・鉾《ほこ》・弓箭《ゆみや》・糒《ほしいい》・塩を調えて合葬した。遺骸は平城京の東に向かい突き立って葬られ、天皇の使者が臨席して埋葬を行った。その後もし国家に非常の事が起こるような時には、この塚墓が鼓を打つように、あるいは雷電のように鳴ったという。それより以後、将軍号をこうむった者が凶徒に向かう際には、まずこの墓に参詣して、誓い祈るのが慣例になった。

この由緒は東山将軍塚の伝説と似ており、『田邑麻呂伝』は『平家物語』などより後にできたので、その影響を受けた可能性もある。

亀山将軍塚も鳴動した。応永三十二年（一四二五）十一月十日の午前零時頃、京都には地震と大きな声があった。この時、亀山将軍塚がしきりに鳴動したので、貞成親王は「天下恠異《かいい》何事か有らんや」と、『看聞日記』に感想を書きつづっている。

記載内容からして、亀山とは京都市右京区の天竜寺の後ろ山にある亀山陵をさすのではなかろうか。亀山将軍塚の由来などはよくわからないが、名称からするとこれも将軍塚で、その鳴動はすでに見てきた東山の将軍塚と同様の予兆とされたのであろう。

滋賀県にも将軍塚がある。滋賀県長浜町（旧湯田村八嶋）にある将軍塚は、足利義昭（一五三七〜九七、室町幕府十五代将軍）が当地に滞在した際に、将来王城をなすには、鎮護として塚が必要だといって作ったという（渡辺昭五「将軍塚」『日本伝奇伝説大事典』）。これによるなら、王城を築くには鎮護する将軍塚が必要だとの意識があったことになる。こうした理解は東山の将軍塚の伝説を下敷きにしたものであろう。

塚の鳴動　延宝三年（一六七五）の序を持つ『南都《なんと》名所集』は剣塚《けんつか》を、「これは大仏草創の時、良《ろう》弁《べん》と諍《いさか》い辛国《からくに》の行者の剣を納めし所なり。東大寺に怪事あれば必ず鳴動するとかや」と説明する。同じ説明は『大和名所図会《やまとめいしょずえ》』にもなされており、江戸時代には東大寺に怪しいことが起きる時には、剣塚がこれを告げるという伝承ができあがっていたことが知られる。

左大臣　源　俊房《みなもとのとしふさ》の日記である『水左記《すいさき》』によると、治暦元年（一〇六五）六月二十二日に神功皇后陵が鳴動したために御卜を行った。『殿暦』や『中右記』などによると、天仁元年（一一〇八）八月十五日に成務天皇および神功皇后陵の鳴動について軒廊御卜が行われた。

陵の鳴動

亀山将軍塚が地名からして亀山陵だとすると、亀山天皇（一二四九〜一三〇五）の陵に当たるが、それ以外の陵墓もたびたび鳴動をしている。ちなみに、陵というのは天皇・皇后・太皇太后および皇太后を葬るところで、その他の皇族を葬るところを墓という。

奈良時代から平安時代にかけて、陵墓祭祀のため使者が派遣された事例を見ると、清和天皇の天安二年（八五八）、十陵四墓へ奉幣《ほうへい》するために使者の派遣が定められたが、それ以外の派遣は陵墓の鳴動をなだめたり、祟りを鎮めるためであった。

神功皇后陵　『続日本後紀《しょくにほんこうき》』の承和十年（八四三）四月二十一日条には、承和六年の旱天《かんてん》（ひでり）の原因であったとされる神功《じんぐう》皇后陵の陵木伐採事件にはじまり、しばしば繰り返されてきた神功皇后陵の鳴動をめぐっての記載がある。それまで神功皇后陵と思って奉幣や宝剣供進《きょうしん》などをしてきた場所が、成務《せいむ》天皇陵の誤りであったことがわかったというのである。

天承二年（一一三二）正月十二日には、秋篠山陵《あきしののみささぎ》が鳴動した（『石清水八幡宮史料第四集』）。この山陵が正しい神功皇后陵に当たり、状況は判然としないが、神功皇后の霊が天下に対して何か言いたいことがあると、当時の人には感じられたようである。

この陵と奈良市山陵町にある狭城盾列池上陵《さきのたたなみのいけのえのみささぎ》には文永五年（一二六八）、元寇に際して国家平安を祈願する山陵使《さんりょうし》発遣がたびたび行われた。中世になると、神功皇后陵は国家の平安を祈願する対象となり、外国から日本を守ってくれる神功皇后のイメージが強くなったものであろう。

応神天皇陵　神功皇后の子供とされる応神天皇の陵（大阪府羽曳野《はびきの》市誉田）も鳴動した。ここは恵《え》我《がの》藻《も》伏崗《ふしのおか》陵として知られるが、応神天皇の名を誉田別《ほむたわけ》といったので誉田《こんだ》山陵とも呼ばれた。治暦二年（一〇六六）三月二十八日に応神天皇陵が光を放ち、春日社が鳴動した（『扶桑略記』『誉田八幡宮縁起』）。康和四年（一一〇二）九月二十九日、誉田山陵が震動し、雷の如くであったという（『石清水八幡宮史料第四集』）。

ここでも鳴動は雷の音のようであったらしい。社殿などが鳴動する石清水八幡宮の祭神が誉田別尊であり、誉田別とは応神天皇のことであるから、その陵が鳴動しても不思議はない。

西園寺家歴代の日記である『管見記《かんけんき》』によれば、寛正二年（一四六一）十一月六日に鳴動した（『碧山日録』『続史愚抄』）。同月二十七日に誉田八幡宮鳴動のことについて、軒廊御卜《こんろうのみうら》がなされ、占いの結果は凶兆と出た。その後十二月十二日に、鳴動について山陵使を誉田社に派遣した。『誉田宗廟縁起《こんだそうびょうえんぎ》』によると、欽明天皇の時（五三九即位〜五七一）に応神陵の前に廟を造り、応神天皇などを祭神にして誉田八幡宮を造営したというので、応神天皇陵は誉田八幡宮の信仰対象でもあった。誉田八幡宮の鳴動の意味が「凶」と出たことは、朝廷にとっては大変な事件だったのである。これも天皇家の先祖による子孫への凶事の連絡と意識されたであろう。

『倭訓栞』は、「河州こんだの八幡の陵、同国聖徳太子の廟、大和多武ノ峰の廟、津の国多田満仲の塚」が同様に鳴動するとしているので、大阪府の叡福寺《えいふくじ》にある聖徳太子廟の鳴動も有名だったことが知られる。

白峯陵　香川県坂出《さかいで》市青海《おうみ》町に所在する白峯寺《しろみねじ》は、空海が地を定め、円珍《えんちん》が建立したといわれ、隣接して崇徳《すとく》上皇の白峯陵《しらみねのみささぎ》がある。陵の廟所である頓証寺《とんしょうじ》は白峯寺の一堂となり、頓証寺殿と呼ばれる。この白峯陵にも鳴動にまつわる伝承が存在する。

中山伯鷹《なかやまはくよう》（城山）が著し、文政十一年（一八二八）の自序がある『全讃志《ぜんさんし》』によれば、長寛二年（一一六四）八月二十六日に崇徳上皇が亡くなると、九月十八日にこの峯において遺骸を荼毘《だび》に付した。彼の霊威が大変高かったために寝陵が鳴動し、あたかも雷の震うが如くであったという。この鳴動に対応して、高倉天皇は安元三年（治承元・一一七七）七月二十九日に崇徳院と諡《おくりな》を奉り、神殿を営み、大権現と号させた。これが白峯寺の出発点だとされる。

崇徳上皇といえば、保元の乱で讃岐国に流され、配所で悶死《もんし》した人物で、その怨念が怨霊となって世の人を脅かしたとされる。三条実房《さんじようさねふさ》の日記である『愚昧記《ぐまいき》』治承元年五月十七日条によれば、勅して天皇の火葬所を山陵と称し、汚穢を防ぐため堀を掘り、民家を定めて陵の管理をさせ、その側に一堂を建てて法華三昧《ほつけさんまい》を勤修《ごんしゆ》し、菩提《ぼだい》を弔わせたのが白峯陵である。

ここでは崇徳上皇の怨霊が鳴動で待遇に不満を示し、これを鎮めるために寺が設けられたといえる。

水無瀬廟　大阪府三島郡島本町にある水無瀬《みなせ》神宮は、後鳥羽・土御門《つちみかど》・順徳天皇を祀った神社である。後鳥羽天皇が隠岐《いき》で亡くなってから、離宮水無瀬殿に御影堂《みえいどう》を設け、菩提を弔ったものである。したがって、ここは廟としての役割も負っていた。その水無瀬廟も鳴動した。

足利義詮は延文元年（一三五六）三月八日、水成瀬宰相にあてて、水成瀬殿旧跡が鳴動したとして祈謝させている（水無瀬神宮文書）。

寛正元年（一四六〇）十二月二日、摂津水無瀬神社が鳴動した（水無瀬神社文書）。

文明八年（一四七七）五月八日に幕府は摂津の水無瀬社が鳴動したということで僧に命じて祈謝さ

せた（水無瀬神宮文書）。

『砂巌《さがん》』の明応二年（一四九三）十一月二十日条によると、水無瀬山陵が鳴動したので、天皇は御製の和歌十五首を御影堂に納められたという。こうした鳴動に対応するのであろう、翌年八月二十三日に朝廷は後鳥羽院に水無瀬神の神号を授け、神殿を水無瀬離宮の旧跡に造営した。その後、明応七年（一四九八）七月二日頃、水無瀬宮の山林が鳴いたと社僧などが言ってきた。

明応二年の鳴動は、後鳥羽院の不満を示すと理解されたといえよう。明応七年の天皇陵の鳴動が何を意味しているかはわからないが、後鳥羽天皇の陵と目される場所でも鳴動があったのである。

佐保山南陵　奈良市の東大寺は、天平十七年（七四五）に聖武天皇の勅願で創建され、有名な盧舎《るしゃ》那仏《なぶつ》（東大寺大仏）が本尊である。東大寺の周辺では佐保山《さほやま》南陵が注目される。

寛政三年（一七九一）にできた『大和名所図会』は、この陵を眉間《みけん》山の後ろに存在する聖武帝の陵で、ここを俗に御陵森《みささぎのもり》と呼ぶとする。この陵は東大寺に異変が起きる時には鳴動するといわれ、戦国時代には松永久秀《まつながひさひで》の城中であったけれども、このような霊験があるために破却されなかったなどと説明している。

安永三年（一七七四）版の『南都名所記』は佐保山眉間寺で、長寛年中（一一六三〜六五）に廟の前に化人《けにん》（仏・菩薩が衆生《しゅじょう》を救うために、仮に人の姿となって現れたもの）が現れ、眉間から半時ばかり光明を放ち、やがて消えた。化人がいた跡には舎利《しゃり》（仏陀または聖者の遺骨）が二粒残っていたので、速やかに天皇に奏聞《そうもん》した。村上天皇はこれを奇特なことだとし、眉間寺の勅額を与えたという。ここに葬られている聖武天皇は観音の化身であるとされた。霊徳が不朽であるため、国に凶事が起ころうとする前には、この陵が必ず鳴動するとし、あわせてここがもともと寺であったことを伝えている。

延宝六年（一六七八）に刊行された『奈良名所八重桜』は、天平勝宝八年（七五六）五月二日に聖武天皇が死去したので、遺骸をこの佐保山に埋葬した。すなわち山頂にあるのが廟で、陵の森と号す。もしも南都（奈良）に悪いことが起きようとすると、必ず廟が鳴動すると説明している。

このように江戸時代になっても、東大寺を創建した聖武天皇の陵が、東大寺もしくは南都、さらには日本国に変事が起きようとする時、必ず鳴動するとの伝承が存在した。これは多武峰の談山神社の藤原鎌足の御墓山鳴動とよく似ている。しかもその陵は山の頂《いただき》に設けられ、陵の山と号していた。この点は、豊臣秀吉が死後に阿弥陀ケ峰に葬られ、異変を鳴動して伝えたとの意識に直結しよう。とするならば、こうした伝承は十分に中世に遡りうる。

聖武天皇の陵墓の鳴動は、事件を告げるのではなく、祀られた者の不満を伝えるものと理解されたのである。これは古代における慰撫する対象としての神にもつながる考え方であろう。

そのほかの陵　おもな陵の鳴動した例を見たが、そのほかの陵でも記録などから鳴動を確認することができるのであろうか。

『日本紀略』によれば、天元二年（九七八）六月二十八日に村上天皇の山陵が鳴動した。

康平六年（一〇八三）五月二十九日に仁明天皇陵の鳴動によって、軒廊御卜が行われた（『扶桑略記』）。寛治七年（一〇九三）十一月二十七日にも仁明天皇陵の鳴動によって軒廊御卜がなされた（『中右記』）。康和元年（一〇九九）四月三十日に仁明天皇陵が鳴動した（『本朝世紀』『後二條師通記』）。

『満済准后日記《まんさいじゅごうにっき》』によれば、永享四年（一四三二）十一月二十三日に大乗院より満済のもとに、去る九日の暁に聖武天皇の廟（奈良市佐保山南陵）以下、所々で鳴動が二、三度にあったと伝えて来た。この情報を得た満済は「当地の延喜《えんぎ》御陵（醍醐天皇の陵、京都市後山科陵《のちのやましな》）の鳴動も同時同日か、希《き》代《たい》のことなり」と記している。どうやらこの時には聖武天皇の陵だけでなく、醍醐天皇の陵も鳴動したようである。加えて「将軍墓」も同じく動揺したという。満済はこれを世にも珍しい不思議なことと感じたのである。

おそらく当時の社会に生きていた多くの人々は、こうした鳴動を何かの前触れだと理解した。それもこれまで見てきた藤原鎌足廟の鳴動などからして、陵に埋葬されている人物の霊が、この世に何かを連絡してきているのだと解釈したのである。

永久五年（一一一七）八月十八日に木幡御堂に怪異があり、山木が折れ、御墓が鳴った（『殿暦』）。保安元年（一一二〇）十二月九日頃、木幡山《こはたやま》山陵がしきりに鳴動し、宇治殿の墓所（京都府宇治市）も震動したという（『中右記』『石清水八幡宮史史料第四集』）。『百練抄《ひゃくれんしょう》』によれば天福二年（一二三四）十月二十六日の午後八時頃、南東の方角に当たり鳴動があった。これを聞いた者はひょっとすると雷声かと疑い、あるいは将軍墓が鳴ったかといっていたが、後日この鳴動は宇治殿の墓所が震動したものだと連絡が来た。宇治殿とは平等院鳳凰堂を建立したことで名高い藤原頼通である。天皇・将軍だけでなく、宇治殿の廟の鳴動のあったことがこれからわかる。

大治五年（一一三〇）正月二十四日、天智天皇の山陵が鳴動したので、軒廊御卜が行われた（『中右記』）。天智天皇の陵は京都市山科区にある御廟野古墳《ごびようのこふん》が山科陵《やましなのみささぎ》として比定されている。正治元年（一一九九）正月一九日に山科陵が鳴動して軒廊御卜が執行された（『百練抄』）。

正長元年（一一三二）正月十二日に秋篠山陵が鳴動した（『石清水八幡宮記録』）。二十七日には軒廊御卜が行われた（『中右記』）。

元弘三年（一三三三）閏二月二十五日には後鳥羽天皇廟が鳴動した（『後鳥羽院御霊託記《ごとばいんごれいたくき》』『続史愚抄』）。

源頼朝の墓　建長六年（一二五四）十二月二十五日に頼朝の法華堂が震動した（『吾妻鏡』）。

鎌倉の法華堂は源頼朝が文治五年（一一八九）に建立した持仏堂である。源頼朝は建久十年（一一九九）正月十三日に死去するとこの持仏堂に葬られた。その翌年から、持仏堂は法華堂と呼ばれるようになった。その後、法華堂は山裾の現在地に移った。江戸時代に島津氏によって法華堂があった山腹に石塔の頼朝墓が建てられた。明治になって廃仏毀釈によって法華堂は白旗神社（祭神は源頼朝）となった。

武家政権を樹立した源頼朝の墓が震動したとして、当時の人々には特別な思いをいだかせたことであろう。

第四章　社寺が知らせる異変

　第一章で諏訪氏滅亡の前に諏訪上社が鳴動し、武田氏滅亡の前に窪八幡《くぼはちまん》神社が鳴動したことなどについて触れた。そうした意識の背景に、朝倉敏景（孝景）の墓にまつわって国の異変を知らせる伝説があるように、先祖の霊が子孫を守ってくれるとの理解が存在した。墓は神社や寺と深いつながりを持つが、それらが鳴動して何かを伝えることについても、談山《たんざん》神社や多田《ただ》神社などの場合で確認した。また、藤原氏の氏寺である春日神社や、源氏の氏神ともいえる石清水《いわしみず》八幡宮でも鳴動があった。

　こうした状況からして、祖霊や神仏など、私たちが住むのとは別の世界の住人が、この世の人間に連絡を取るために鳴動したとすると、神仏の坐《いま》す場所である社寺においても鳴動があってしかるべきである。中世では神社も寺もそれほど区別されていなかった。実際、多武峯寺《とうのみねでら》や多田院などはその代表ともいえる。そこで、本章では血縁に由来しない場合の鳴動する社寺の事例を探し出し、その特質や社会的背景について考えてみたい。

京都と近隣の社寺の鳴動

前章で談山神社と多田院の鳴動を確認したが、中世において最も寺社が多く、記録も残っている奈良、京都とその近隣の社寺鳴動事例から捜すことにしよう。

東大寺　正二位民部卿　平経高《たいらのつねたか》が記した日記である『平戸記《へいこき》』によれば、仁治三年（一二四二）九月二七日に東大寺大仏殿が鳴動した。『東大寺別当次第《とうだいじべっとうしだい》』によれば、永享九年（一四三七）六月四日に東大寺八幡宮が震動した。東大寺の八幡宮が鳴動したのである。文明八年（一四七七）六月一日には東大寺若宮八幡宮拝屋が鳴動した（『大乗院寺社雑事記』）。

このように、日本を代表する寺院の東大寺でも鳴動が繰り返されていた。

賀茂神社　『中右記《ちゆうゆうき》』によると、天仁元年（一一〇八）六月十二日に賀茂社震動等について軒廊御《こんろうのみ》卜《うら》が行われた。『玉葉《ぎよくよう》』によれば、治承四年（一一八〇）十月十八日に九条兼実《くじようかねざね》の元にやって来た兼光が、「去る八月、新院（高倉院）が賀茂神社に参詣した際、神主の重保《しげやす》が新院に語るのには、宝前で通夜《つや》（神社・仏閣に参詣して終夜祈願すること）をしていると、宝前が震動し、亡くなられた法性寺《ほつしようじ》殿《どの》（藤原忠通《ただみち》）が束帯《そくたい》に身を正し、宝殿の傍らに御座したのが見えた。忠通は嘆息して、理由もなく福原に遷都したので、宝殿もこのように揺動《ようどう》しておいでなのだなどと嘆いた」と語った。兼実は「この事実は恐れるべき事か」と評している。

賀茂神社とは、京都市上京区上賀茂本山町にある賀茂別雷《かもわけいかずち》神社（上賀茂神社）と、左京区下鴨泉川町にある賀茂御祖《かもみおや》神社（下鴨神社）とからなり、山城国の一宮《いちのみや》にあたる。平安時代には王城鎮護の神としてしばしば天皇の参詣もあって、朝廷の尊崇を受けたことでも知られる。

京都鎮護の賀茂神社の神が、都を福原に遷したことは良くないと忠通が告げる前触れとして、宝前を震動させて伝えたのである。なお、ここに見えるように、夢も鳴動と同様、神の意志をこの世の人間に伝える手段であった。

文治三年（一一八七）五月八日、九条兼実邸に賀茂神社鳴動を占った結果をもって僧侶がやってきた。占いの結果は「奉幣《ほうへい》あるべし」であった。賀茂神社の鳴動は、朝廷に連絡し、国家として占いをして意味を問い、奉幣などの対応を行わなくてはならぬ大事なことだった。鳴動は人々に異変を告げる予兆として解されたのであろう。

下って十四世紀半ばの状況を、『太平記』で確認しよう。観応二年（一三五一）に足利尊氏が直義《ただよし》追討のため近江に至ると、諸方の軍勢が馳せ集まった。京都では鴨糺《ただす》の社《やしろ》の神殿（下鴨神社）がしばらくの間鳴動し、鏑矢《かぶらや》が二筋天に鳴り響いて、東北の方向を指して去った。事件は天皇に奏聞《そうもん》されたが、諸人はこれを足利尊氏と直義兄弟の合戦に、吉凶を示す怪異だと推量した。

この鳴動は洞院公賢《とういんきんかた》の日記である『園太暦《えんたいりやく》』にも記載があり、観応二年九月七日に東の宝殿が、未刻《ひつじのこく》（午後二時頃）に三回鳴動した。そのうえ神殿から弓が二張り北に向かって転倒し、矢が三筋南北と東の三方に向かって倒れた。また同時に鏑矢の音が二度、宝殿から艮《うしとら》（北東）の方向にまで聞こえたことが、朝廷に注進された。神社が鳴動し鏑矢が飛んでいったのを、神が戦争に参加されたと理解し、人々はそこに神の意志を見たのである。こうした現象はこの神社を信仰する人々にとって、神が自分たちを守ってくれているとの意識につながった。

『山科家礼記《やましなけらいき》』などによると、文明九年（一四七七）五月二十二日にも、賀茂別雷神社が鳴った。

このように賀茂神社の場合にも、十二世紀の終わりから十五世紀の末まで鳴動が繰り返された。それは神が何かを知らせる音と理解され、朝廷などによって対応がなされた。

『歴代編年集成』と『続史愚抄』によれば、文永十一年（一二七五）二月六日に賀茂社の鳴動について軒廊御卜を行った。

大神神社　『日本紀略』や『小右記目録』、『権記《ごんき》』によれば、長保二年（一〇〇〇）七月十二日に大神社の鳴動により二十一社に奉幣《ほうへい》（天皇の命により幣帛を奉献すること）がなされた。

丹生神社　『中右記』によれば、長治元年（一一〇四）六月二十五日に丹生社の震動について軒廊御卜を行った。丹生社は奈良県宇陀《うだし》市榛原雨師《はいばらあまし》の丹生神社ではなかろうか。

八坂神社　『中右記目録』や『本朝世紀』によれば、康和元年（一〇九九）閏九月十一日に祇園社《ぎおんしゃ》が鳴動した。承元二年（一二〇八）五月二十六日に感神院《かんしんいん》内陣が鳴動した（壬生文書）。『武家年代記』

によれば、宝徳元年（一四四九）七月二十八日の夜、祇園社が一晩中鳴り、山王社も鳴った。『孝亮宿禰日次記《たかすけすくねひなみき》』によれば、寛永六年（一六二九）十月三十日には祇園社内鳴動との風説があった。祇園社とは京都市東山区に鎮座する八坂《やさか》神社のことである。古くは祇園感神院《かんしんいん》といったが、この神社も鳴動した。

吉田神社　『南方紀伝《なんぽうきでん》』によると康正三年（一四五七）七月二十一日に吉田神社の社殿が鳴動し、九月二十八日には長禄と改元をした。改元は社会に悪い事件が起きた際などに、それを断ち切る呪術的な意味を込めてなされることが多いので、この鳴動は改元の理由の一端になった可能性が高い。『言継卿記《ときつぐきょうき》』によれば、弘治二年（一五五六）二月十六日の夜十時頃に吉田神社が鳴動した。そのうえ十七日には同社の馬場に、傷のない死んだ鹿があったという。山科《やましな》言継は「はなはだもって奇異である。何事かあるのであろうか。奇怪、奇怪」と評している。

吉田神社は平安京の鎮守として奈良の春日神社を勧請《かんじょう》したとされ、京都市左京区に鎮座する。吉田神社の鳴動は国家にとっての大事で、公家たちに不安を与えたのである。

平野神社　『中右記』によると、元永二年（一一一九）七月十八日に平野社の鳴動について軒廊御卜が行われた。平野神社は京都府京都市北区平野宮本町にあり、式内社（名神大社）で、二十二社（上七社）の一社に数えられる。

北野神社　『愚管抄』によれば、永和三年（一三七七）六月に北野社が鳴動し、怪異があった。『看聞日記』によると、応永三十年（一四二四）六月二十二日に北野社の宝殿が震動した。『親長卿記《ちかながきようき》』や『長興宿禰記《ながおきすくねき》』によると、文明七年（一四七五）二月十九日の夜は暴風雨で、この間に北野神社の御旅所《おたびしよ》（神社の祭礼で神輿《みこし》が本宮から渡御《とぎよ》して仮にとどまる所）より光が出て、本社に向かって飛んだ。その翌日、紫野《むらさきの》の今宮仮社および西大路の北野御旅所などに火事が起きたが、幸い神体はおのおの取り出すことができた。その際にはまず御旅所が鳴動し、高倉院の居所であった安楽行院が境内の在家から火事になり、九品《くほん》阿弥陀像以下の古仏がことごとく灰燼《かいじん》に帰した。

北野神社は北野天神、北野天満宮ともいい、京都市上京区馬喰《ばくろ》町に所在し、賀茂神社や石清水八幡宮と並んで朝野の崇敬を受けた。縁起によると、菅原道真が太宰府で横死《おうし》してから異変があいついだので、崇《たた》りかと恐れられたところに神託があり、創建されたとされる。

人々は北野神社の御旅所の光や鳴動が、安楽行院の火事を知らせたと理解したのである。

松尾大社　明応二年（一四九三）十一月十四日、松尾《まつのお》神社と多田神社が鳴動した。この情報を得た甘露寺《かんろじ》親長は、「諸所鳴動、怪異ただ事に有らず、恐懼《きようく》恐懼」と感想を記している（『親長卿記』）。

松尾神社は現松尾大社で京都市西京区にあり、酒の神として知られている。祭神は大山咋《おおやまくいのかみ》神と中津嶋媛命《つしまひめのみこと》（市杵島比売命《いちきしまひめのみこと》）で、大山咋神は『古事記』に「葛野《かどの》の松尾に坐《いま》して鳴鏑《なりかぶら》を用いる神」とあり、もともと音とは関係が深い。

多田神社はすでに触れた摂津の多田院である。源満仲《みつなか》の廟の鳴動は源氏の一族、当時特に室町幕府に異変が起きることをあらかじめ示してくれたが、並んで松尾神社の鳴動もあった。ここでは松尾神社が前に出ているので、親長にとっては、松尾神社の鳴動の方が多田神社の鳴動より重要視されたのだろう。

法性寺　治承四年（一一八〇）正月十三日、九条兼実のところに法性寺《ほっしょうじ》の座主《ざす》がやって来て、去年西塔、釈迦堂、本仏、ならびに七社の御正体《みしょうたい》（鏡に神像や仏像などを線刻したもの。）が動揺した子細を語った（『玉葉』）。詳しくはわからないが、寺が鳴動したことは事実で、何か異変が起きると感じられたのであろう。

法性寺は京都市東山区にあった天台宗の寺で、延長三年（九二五）に藤原忠平が建立した。藤原忠通は出家後ここに住み、法性寺殿と称されたが、中世以後この寺は衰退し、堂宇《どうう》も廃滅した。

東寺　東寺《とうじ》は京都を代表する寺の一つで、正式には金光明四天王教王護国寺《きょうおうごこくじ》といい、京都市南区九条町にある。延暦十五年（七九六）に創建され、弘仁十四年（八二三）に空海に直賜《ちょくし》され、真言密教の根本《こんぽん》道場となった。

『看聞日記《かんもんにっき》』によれば、永享三年（一四三一）七月十四日に諸社で怪異があった。それは、伊勢で内宮《ないくう》・外宮《げくう》の宝物が紛失し、八幡社頭の杉の本が枯れ、東寺が鳴動して、寺内の大木が折れたといったことであった。貞成《さだふさ》親王は「驚き入るものなり」と評している。東寺の鳴動は、伊勢神宮の宝物の紛失や八幡宮の杉の木の枯れるのと並んで記されるほど重大事であった。

『東寺執行日記《とうじしぎょうにっき》』によれば、寛正五年（一四六四）五月二十二日、東寺の鎮守である八幡宮が鳴動した。このために内陣に入り検査したところ、多くのものが破損していた。

さらに文明十二年（一四八〇）二月二十六日に東寺の三鈷《さんこ》松が震動した。この松は、西の院の前にあり、空海が中国から帰朝した時、我が密教に相応の地があれば、この三鈷が止まるようにと空中に投げ、それが止まっていた松だといわれるが、今は存在していない。空海の開いた寺で、空海と深い関係を持つという松、しかも松は常に緑なので神の霊が依るとされることの多い木であるが、これが鳴動したため、事件が起きると考えられたのではないだろうか。

浄妙寺　平安時代の公家平信範の日記である『兵範記』によれば、保元五年（一一五八）九月三日に浄妙寺の鳴動について占いがなされた。浄妙寺は木幡《こはたでら》寺とも呼ばれ、現在の京都府宇治市木幡にあった。寛弘四年（一〇〇七）に藤原道長によって建立され、藤原北家の菩提寺だったが、寛正三年（一四六二）の土一揆で焦土となり廃絶したとみられている。

勝手神社　民部卿勘解由小路経光《かでのこうじつねみつ》（一二一三〜七四）の日記である『民経記《みんけいき》』や、鎌倉時代の公家である藤原定家の日記『明月記』によれば、天福元年（一二三三）四月一日に金峯山勝手社若宮の神殿が鳴動した。『百練抄』によれば、建長二年（一二五〇）四月三十日に金峯山の鳴動を軒廊御卜した。

金峯山は奈良県の吉野山にあり、金峯・勝手・水分（子守）の吉野三所明神の神山である。これらをまとめているのが蔵王権現を祀る金峯山修験本宗大本山の金峯山寺《きんぷせんじ》である。一山は天台・真言両系の修験道寺院（単立寺院）で構成されており、役行者の草創、聖宝僧正（理源大師）の中興といわれる。

建長二年（一二五〇）四月三十日、金峯山の鳴動について軒廊御卜を行った（『百練抄』）。

吉野水分神社　広橋（勘解由小路《かでのこうじ》）兼仲《かねなか》の日記である『勘仲記《かんちゅうき》』によれば、弘安五年（一二八二）三月十九日の午前二時頃、子守《こもり》大明神の御正体十五面が中壇に落ち、若宮が鳴動した。このため、二十八日になって下鴨神社の怪異などとともに、軒廊御卜《こんろうのみうら》を行うことになった。

金峰山《きんぷせん》は奈良県の吉野山から大峰山《おおみねさん》にかけての山々の総称であるが、その中の子守大明神でも鳴動があった。これは吉野水分《みくまり》神社のことで、祭神は『古事記』に「天之水分神《あめのみくまりのかみ》、国之水分神」とあり、水の配分を司る神であるが、この「みくまり」を「みこもり」と訛って、早くから子守神信仰の対象になった。事件は朝廷に注進されて軒廊御卜が行われたのである。ちなみにここでも下鴨神社の怪異が同時に出ているので、賀茂神社でも何らかの異変があったことが知られる。

広田神社　『長暦《ちょうれき》』によれば、明応五年（一四九六）十月一日、広田神社の山が鳴った。

広田神社は兵庫県西宮市大社町に鎮座する。神功皇后が外征から凱旋《がいせん》した時に創建したと伝えられ、畿内において特に崇敬を受けた二十二社の一社で、しばしば奉幣勅使の派遣があった。

住吉大社　寛治三年（一〇八九）正月、住吉社が鳴動した（『中右記』）。天福元年（一二三三）五月十七日にも住吉社の御殿が鳴動した（『民経記《みんけいき》』『明月記』）。正嘉二年（一二五八）五月四日には住吉社第一宝殿が鳴動した（『歴代編年集成』）。『皇年代略記《こうねんだいりやっき》』によれば、永禄十年（一五六七）八月二十四日に住吉《すみよし》神社が鳴った。具体的状況は知りえないが、戦国時代の住吉神社にも鳴動があったのである。住吉神社は摂津国の一宮にあたる。大阪市住吉区住吉に鎮座し、現在住吉大社として知られるこの神社は、神功皇后が凱旋の際に、底筒男命《そこつつおのみこと》など三神の荒魂《あらみたま》を鎮めたのに始まると伝えられる。以後、国家鎮護の神、渡航安全の神、和歌の神として広く崇敬を集めた。

日吉大社　日吉《ひよし》大社は俗称を山王権現といい、滋賀県大津市にあって、上七社の中に八王子、中七社の中に下八王子が祀られている。宝徳元年（一四四九）に祇園社が鳴ったとき、同時に鳴動した山王社がこれである。

『皇年代略記』によれば、貞永元年（一二三二）七月に日吉神社の大宮が鳴動した。翌、天福元年（一二三三）六月二十一日にも、日吉大社大宮が鳴動した（『民経記』『明月記』）。文永元年（一二六四）四月十五日、小日吉社の宝殿が鳴動し（『天台座主記』『続史愚抄』）、十七日には日吉八王子の宝殿が鳴動した（同）。

『満済准后日記《まんさいじゆごう》』にも日吉神社鳴動の記載が見られる。永享四年（一四三二）六月晦日《みそか》に、朝廷から満済のもとに、「二つの星が合う変異、ならびに日吉八王子山震動などに対する祈禱を、特別ねんごろに祈るように」といった奉書が到来した。そこで、変異ならびに八王子山震動などを鎮めるため愛染護摩《あいぜんごま》を始めた。醍醐寺の祈禱は毎日社頭において交替で尊勝陀羅尼《そんしようだらに》を読経した。聞くところによれば鳴動は占いの結果「不快」であった。

日吉八王子山の震動は大変な事件で、場合によると国家としての対応が求められることもあった。永享四年の鳴動に際しては、醍醐寺などで祈禱がなされたのである。

日吉十禅寺　正中二年（一三二五）十月二十四日の夜、日吉十禅寺《じゅうぜんじ》の宝殿が鳴動し、光物が出た（『道平公記』）。詳細は伝わっていないが、鳴動と光とがセットになっているので、何かの兆《きざし》と理解されたのであろう。

大津市の日吉神社は、山王二十一社と呼ばれる本社・摂社と多くの末社群からなっているが、このうち現在の樹下《じゅげ》神社は旧称を十禅師（寺）といった。

延暦寺　応永二十一年（一四一四）六月六日に山門中堂の円鏡が落ち、ならびに堂内が鳴動した。占ってみると、兵革《へいかく》（いくさ・戦争）・病事等を指し示していると出たので、五壇《ごだん》の法（天皇や国家の祈りに際して、息災・増益《ぞうやく》・調伏《ちょうぶく》のために、五大明王《ごだいみょうおう》を東・南・西・北・中央の五壇に祀って行う密教の修法《しゅほう》）を行うよう申し入れた（『満済准后日記』）。

比叡山延暦寺は滋賀県大津市坂本本町にある天台宗の総本山で、延暦四年（七八五）に最澄が比叡山に寺を創建、後に入唐《にっとう》して、帰朝後に天台宗を開き、弘仁十四年（八二三）に勅願を授かり延暦寺と号した。天安二年（八五八）に円珍が別院として園城寺《おんじょうじ》（三井寺《みいでら》）を開き寺門と呼ばれたのに対して、延暦寺は山門と称された。天皇家・摂関家との結びつきを強めながら、三塔十六谷の広大な寺域を持つ寺に発展した。このため、この寺の鳴動は、国家に大事が起きる前兆と意識されたのである。

伊勢神宮　伊勢神宮とは、三重県伊勢市にある皇大神宮《こうたいじんぐう》（内宮）・豊受大神宮《とようけだいじんぐう》（外宮）、および別宮と摂・末社などの総称で、内宮は天照大神《あまてらすおおみかみ》を、外宮は豊受大神を祀っている。律令《りつりょう》時代には最高の国家祭祀の対象として、天皇以外の者の私的祈願を禁止された特別な神社であった。

権大外記《ごんのだいげき》中原康富の日記である『康富記《やすとみき》』によると、長承二年（一一三三）十一月十一日の午前六時頃に、豊受大神宮の高宮御殿内にある建物が音を出して鳴った。朝廷はこれが何を意味するかを知ろうと、神祇官《じんぎかん》と陰陽寮《おんみようりよう》に占わせたところ、神事が通常と異なる形で行われたので、火事・病事があると出た。したがって、早急に神事を本来の形に戻せば、そうした災いはなくなり、未然に被害を防ぐことができると解釈されたのである。

『康富記』などによれば、弘安五年（一二八二）四月十一日、豊受大神宮の古神宝の類を納めている西宝殿が二度鳴動した。

弘安四年（一二八一）七月二十九日に伊勢風宮の宝殿が鳴動した（『内宮注進状』『大神宮参詣記』『神明鏡』）。

弘安十年（一二八七）正月二十四日の夜、伊勢は台風に見舞われ、内宮の月読宮《つきよみのみや》が倒れた。それに先だって、社頭に鳴動や光があった（『勘仲記《かんちゆうき》』）。

応長元年（一三一一）十二月十五日の午後八時頃、豊受大神宮正殿の南東の隅、東相殿の御座辺が二度にわたって鳴動した（『康富記』）。

翌年の応長二年（一三一二）二月二十八日に、去年の外宮鳴動のことについて軒廊御卜が行われ、「口舌《くぜつ》および病あるべし」と神祇官や陰陽寮が占った。そして四月十七日には、外宮が鳴ったことに対するお祈りを奉祀するようにとの宣旨が出た（同）。

観応二年（一三五一）七月に豊受大神宮が鳴動して、鏑矢が鳴った（『観応二年日次記』『続神皇正統記』）。貞治五年（一三六六）秋には伊勢神宮が鳴動した（『吉田家日次記』）。

『満済准后日記』の応永三十一年（一四二四）十二月二十一日条に、「伊勢神宮の御師《おんし》や禰宜《ねぎ》によると、去る十一月二十四、五日の間に荒神《こうじん》御殿がもってのほかに震動した。その後大木を倒す音のようにして静かになった。希代《きたい》のことである。二百年ばかり以前にこのようなことがあったと聞いている」などと伝聞の記載がある。

再び『康富記』から鳴動の事例を挙げよう。

文安四年（一四四七）六月二十一日の午後二時頃に豊受大神宮正殿が震動し、西宝殿の千木《ちぎ》二支・鰹木《かつおぎ》七本・覆板《おおいいた》左右がことごとく落ち、正殿に危険が及んだ。この際、荒祭宮《あらまつりのみや》が鳴動し、馬小屋につながれた馬が走り山た。その後六月二十六日には、皇大神宮正殿の千木・鰹木・覆板左右などがことごとく傾いて危ない状態になり、皇大神宮正殿と荒祭宮が鳴動したので、その意味を問うため九月八日に軒廊御卜が行われた。

文安五年四月十一日に豊受大神宮の禰宜などが、「当宮の西宝殿で二度の鳴動があった」と報告し、二十九日になって外宮の怪異の先例が調べられた。

文安六年六月二十八日の午後二時頃、豊受大神宮の正殿が鳴動し、西宝殿の千木・鰹木・覆板がことごとくはげ落ちたと禰宜などから注進があり、八月二十二日に軒廊御卜が行われた。

宝徳四年（一四五二）七月十二日に豊受大神宮正殿の千木が折れて落ち、宮中が震動した。『一位入道殿御記《いちいにゆうどうどのおんき》』によれば、天文六年（一五三七）十二月十六日の夜、内宮に神饌《しんせん》を供えていると、神居殿内の東西が二度鳴り渡った。その音は人が歩く足音のようであった。また荒祭殿でも同じく鳴り渡った（『続史愚抄《ぞくしぐしよう》』）。

天文六年（一五三七）十二月十六日に皇大神宮が鳴動した（『続史愚抄』）。

慶長十四年（一六〇九）九月二十一日に伊勢内宮の遷宮があった。これを拝しようと貴賤が群集したとき、社壇が鳴動した（『徳川実紀』）。

文安四年の一連の動きは、豊受大神宮に危険が及んだ時、荒祭宮の神の乗り物である馬が、神を乗せて遷した、と考えられ、鳴動もあったので、神意をうかがうために朝廷で軒廊御卜をしたのであろう。伊勢神宮の怪異は国家的な意味を持つと考えられたのである。神の意志により何かを告げていると理解され、さまざまな対応策が練られた。

このように、鳴動が起きているのは十二世紀から十六世紀までで、時期は中世に重なる。

全国の社寺が鳴動する

これまでは畿内とその近国の社寺を取り上げてきたが、鳴動があったのはこうした地域のみではない。続いて全国各地における事例を確認していきたい。

日前神宮・国懸神宮　『日本紀略』によれば天慶三年（九四〇）九月十七日に紀伊の日前懸神の神殿が鳴動したという。

和歌山市にある日前神宮・国懸神宮は紀伊国一の宮として尊崇を受けた神社で、『日本書紀』には神武天皇の時代に起源をもつと記されている。

南宮神社・西宮神社・貴船神社　応永二十六年（一四一九）六月十五日、日時などははっきりしないが美濃の南宮《なんぐう》神社の社壇が震動したと注進があり、貴布禰《きぶね》山も崩れたという。また、西宮にも異変があったが、これも日時等がはっきりしないという（『満済准后日記』）。

南宮神社は岐阜県不破《ふわ》郡垂井《たるい》町に鎮座する、美濃国の一宮である。朱雀《すざく》天皇の天慶二年（九三九）には朝敵退治の祈禱があり、康平年中（一〇五八〜六五）には安倍貞任《あべのさだとう》・宗任《むねとう》などの征伐祈願、弘安四年（一二八一）の蒙古襲来の際も勅により祈禱が行われた。西宮とは兵庫県西宮市に鎮座する西宮神社のことで、この神社の祭神は海から出現したとの伝承があり、本来は海に面した神社である。貴布禰山とは京都市左京区鞍馬貴船《くらまきぶね》町にある貴船神社のことであろう。平安時代に固定したいわゆる二十二社奉幣の下八社のうちに加えられ、多くの尊崇を受けた。

応永二十六年六月には朝鮮軍が対馬に攻めてきており（応永の外寇《がいこう》）、この日記の七月二日に異国調伏《ちょうぶく》のお祈りの記事があるので、異変を当時の人々は日本の神々が戦いに赴いた象徴だと理解したはずである。神々が自分たちに味方して日本を守っていることを、鳴動などによって知らせてくれたと、人々は考えたのである。

出雲大社　元永元年（一一一八）四月二十八日、杵築社《きつきしゃ》鳴動について軒廊御卜を行った（『中右記』）。ここでも鳴動があったのである。

弘長元年（一二六一）七月七日にも杵築社が鳴った（『歴代編年』）。具体的な状況は判然としないが、やはりこの鳴動は特別な意味を持つとして理解されたのであろう。

杵築社とは出雲大社のことで、杵築大社《おおやしろ》などとも呼ばれ、出雲国の一宮にあたり、島根県簸川《ひかわ》郡大《たい》社《しゃ》町に鎮座する。祭神は大国主神《おおくにぬしのかみ》である。

熱田神宮　康保三年（九六六）三月十二日に尾張の熱田社が鳴動した。そして、二十二日にはこのことについて御卜が行われた（『日本紀略』）。

弘安三年（一二八〇）の夏、熱田社が鳴動した。鳴動と同時に神火が炬火《きよか》（たいまつ）のように出て、数千が伊加古崎《いかこざき》（伊良湖《いらご》岬であろう）に連続して見えた。文永年間（一二六四～七五）の初めにもこのような奇異があり、その後に蒙古が攻めて来たと伝えられていた（『雅有卿仮名日記《まさありきようかなにっき》』）。

熱田社とは名古屋市熱田区にある熱田神宮のことで、三種の神器の一つの草薙剣《くさなぎのつるぎ》を神体とする神社として有名である。熱田神宮の鳴動があった翌年の弘安四年には、再び元《げん》軍が攻めて来ているので（弘安の役）、人々はこの鳴動を元軍の来寇を神が知らせてくれたと解釈したに違いない。事実この鳴動は、文永の役と結びつけられて思い起こされている。海に面して鎮座し、武の神ともされる熱田神宮は、海外からの侵略がある時に日本人に危機を知らせ、さらに神自らが戦いに臨むと信じられていたのである。


鶴岡八幡宮　寛喜三年（一二三一）十一月二十四日の午前八時頃、鎌倉の鶴岡《つるがおか》八幡宮内にある三島社の社壇が鳴動した。鳴動は幕府に伝えられ、神の真意がどこにあるか占がなされた結果、神事が穢《あい》気《き》（人の死や病気などによるケガレ）の不浄によってなされたことを神が怒ったためだと出たので、将軍が病気にならないよう慎みが求められた。翌日の二十五日になって、この結果や日頃の天変、三島社の鳴動などに驚いた幕府から命令がなされて、祈禱が始められた（『吾妻鏡《あずまかがみ》』）。

延元三年（一三三八）五月八日に鶴岡若宮が鳴動した（『吾妻鏡』）。くだった天文八年（一五三九）九月一日にも鶴岡八幡宮が鳴動した（『快元僧都記』）。

鶴岡八幡宮は神奈川県鎌倉市に鎮座している。源頼義が石清水八幡宮寺を康平六年（一〇六三）に由比《ゆい》鶴岡に勧請したのがはじまりで、治承四年（一一八〇）源頼朝が現地に移して、鶴岡若宮《わかみや》と称したのが起源と伝えられる。この時の鳴動は清浄になされねばならない神事が不浄だったことを神が怒ったもので、鶴岡八幡宮が鎌倉幕府の守護神としての役割を持ったので、その神が怒ったことで将軍に慎みが求められたのであろう。

御霊神社　文治元年（一一八五）八月二十七日の正午、御霊《ごりょう》神社が震動し、あたかも地震のようであった。源頼朝がこの神社に参ったところ、宝殿の左右の扉が破れていた。頼朝はこうした事態になったことを解謝《かいしゃ》（神を祀って祓いをすること）するために、願書一通を奉納した上、巫女《みこ》などの面々に賜物をして、神楽《かぐら》を行って帰った（『吾妻鏡』）。なお、建保三年（一二一五）六月二十日の深夜零時頃、御霊神社が二、三度鳴動したという（同）。以前に鎌倉の御霊社が鳴動したために、十一月十二日に幕府は禍がないように祈らせた（『吾妻鏡』）。

御霊神社は、怨霊を鎮める御霊《ごりょう》信仰が元になって各地に設けられたが、京都市右京区と中京区に鎮座している上・下両御霊神社が有名である。ここでいう御霊神社は、鎌倉坂ノ下に鎮座し、鎌倉御霊の総社とされたものである。鳴動を機に頼朝がわざわざここに参詣し、神楽を行ったというのはただごとではない。

鹿島神宮　『吾妻鏡』の建久二年（一一九一）十二月二十六日条によると、去る二十二日の深夜零時、常陸国《ひたちのくに》の鹿島神宮が鳴動した。それは大地震の如くの鳴動で、聞く者の耳を驚かした。これは兵革ならびに大葬《たいそう》（天皇・太皇太后などの葬儀）の兆であると、禰宜が申し出たので、頼朝の家臣たちは謹慎をして、神馬を奉納した。

鹿島神宮は茨城県鹿嶋市に鎮座する常陸国の一宮で、古代には大和朝廷の武神として尊敬された。これを前提にして、鹿島神宮の鳴動が戦争などの兆だと幕府に説明され、幕府はこれを避けるために神馬を奉納したのである。

鷲宮神社　承元三年（一二〇九）三月十日に、武蔵国太田庄鷲宮《わしのみや》神社（埼玉県久喜市）の宝殿が鳴動したとの知らせが、幕府に伝えられた（『吾妻鏡』）。

社伝によれば、祭神の一人天穂日命《あめのほひのみこと》は東国経営のために武蔵国に到着し、供奉《ぐぶ》した二十七人の部族と地方の氏族が当地の鎮守として奉斎したのが初めで、その後、日本武尊《やまとたけるのみこと》が東夷平定の折、天穂日命の子の武夷鳥命《たけひなとりのみこと》を相殿に奉祀したという。したがって鎌倉幕府の東国経営の象徴的な神社といえる。鳴動への対応がいかなるものであったかなど詳細は不明ながら、わざわざ幕府にまで連絡が行っているので、この鳴動も国家的に大事なことを伝えていると理解されたのであろう。

貫前神社　上野国《こうずけのくに》の一宮は貫前《ぬきさき》神社（群馬県富岡市）である。年未詳の次のような武田勝頼の書状が残っている（文章は読み下し文）。

原隼人佑《はやとのすけ》（昌胤《まさたね》）への書状、つぶさに披閲《ひえつ》、よって去る四日亥剋《いのこく》一宮御宝殿震動候の条、累年この如くの儀、当方吉事数多《あまた》候の条喜悦《きえつ》に候、いよいよ神前において、丹祈《たんき》をこらすべき儀専用に候、恐々謹言《きょうきょうきんげん》

卯月十日　　勝頼（花押）

一宮左衛門尉《さえもんのじょう》殿

この文書によれば、年はわからないが、四月四日午後十時頃に貫前神社の宝殿が震動した。このような鳴動は以前にもあり、武田家に吉事がたくさん訪れる前触れだと、貫前神社の宮司である一宮左衛門尉から武田勝頼へ連絡がなされた。右の書状は勝頼がこれに応じて、さらに祈禱を依頼したものである。

武田氏と長年戦ったのは上杉謙信（政虎《まさとら》）であるが、彼のためにも神社が鳴動した。それを伝えるのが、永禄四年（一五六一）かと推定される次の文書である。

夜前子刻《ねのこく》、宮中において神秘の段、吉例目出の由珍重《ちんちょう》に候、なおもって祈念あるべきことかんじんに候、恐々謹言

十一月十六日　　政虎（花押）

一宮太郎殿

深夜零時頃に宮中において神秘のことが起こり、しかもそれは吉例で良い事件だとする。内容的にも武田勝頼が出した文書とよく似ているので、これも貫前神社の社殿の鳴動と思われる。

実態は判然としないがこの神社では、神前の鳴動が良いことの起きるしるしだとして意識されていたようである。他の神社の鳴動がどちらかというと悪い兆を示しているのと異なるが、未来に起こる

出来事を暗示している点は同じである。

太宰府四天王寺　『日本紀略』によれば、天慶六年（九四三）八月二日、太宰府の四天王寺の仏堂・堂舎が鳴り響いたので、朝廷は伊勢神宮に奉幣した。

古代においては、寺社の鳴動は神や仏の不満を表すと理解され、神仏に陳謝したり慰撫したが、この場合も四天王寺をなだめるために奉幣したように見える。

宇佐神宮　延久元年（一〇六九）十二月に宇佐八幡宮が鳴動した（『扶桑略記』）。

大分県宇佐市にある宇佐神宮は、豊前国一宮で、全国に約四万四千社あるという八幡宮の総本社である。古くは八幡宇佐宮または八幡大菩薩宇佐宮などと呼ばれ、現在でも通称として宇佐八幡とも呼ばれる。

阿蘇神社　元弘三年（一三三三）五月に阿蘇社の神池が鳴動し、ついで砂礫を噴出した（『阿蘇家譜』）。建武二年（一三三五）正月五日に阿蘇社が鳴動した（『阿蘇家譜』『阿蘇学頭坊文書』）。

熊本県阿蘇市にある阿蘇神社は、式内社で肥後国一宮である。全国に約四五〇社ある「阿蘇神社」の総本社である。

御所での鳴動

天皇墓（陵墓）の鳴動についてはすでに見てきたが、それなら生きている天皇の居所はどうであろうか。

そこで、次に御所で鳴動があったかどうかを探ろう。

大極殿　延喜十年（九一〇）九月五日に大極殿が鳴動した（『日本紀略』『扶桑略記』）。大極殿は内裏の正殿である。平安時代の中期以降、ここが衰亡したことにより紫宸殿が内裏の中心となっていく。

内侍所　寛仁二年（一〇一八）閏四月二十五日に内侍所《ないしどころ》の神鏡が鳴った（『小右記』）。文明元年（一四六九）十月十六日に内侍所が鳴動した（『応仁記』）。翌、文明二年十二月七日の午前三時頃より七時頃ばかりに、内侍所で鳴動があった（『親長卿記』）。『山科家礼記』によれば、午前四時頃に内侍所が鳴動したので陰陽師《おんみようじ》が調べたところ、大きな戦争が起きて兵が死に、火事が起きるしるしだと出た。このために十一日、内侍所において吉田神主が清祓い《きよはら》（神事の前後などに身を清めるために行うはらい）をした。この際はまず、庭において棚を二つ建て、四方に榊《さかき》祓いをし、数時間いろいろ行《ぎよう》をした後、昇殿して天皇の前でお祓いをした。

内侍所の鳴動が兵革や、火事による死者の発生などの国家的大事を知らせていたと理解され、対処するためさまざまな祓いが行われた。国家制度の中心に位置する天皇が穢《けが》れていれば、国家そのものが穢れ、乱れると意識されたので、公としての天皇は種々の慎みを行わなければならなかったのである。

文明四年（一四七二）正月二十五日の晩に、甘露寺親長は二十四日の夜半に内侍所が鳴動したと耳にした（『親長卿記』）。このために朝廷では二月五日に内侍所の修造を決め、木づくりはじめ（建築に際して大工などが初めて木材を削ること）が行われた。この忙しさのために本来行われるはずの春日祭の沙汰もなされなかった。その後、二月二十二日の夜に内侍所の遷座がなされ、神楽が行われた。

文明九年（一四七七）正月九日の午後八時頃に内侍所が鳴動したと刀自《とじ》（禁中の内侍所に奉仕した女房）が注進してきた。そこで占いを行い、お祈りをさせた（『親長卿記』）。『山科家礼記』によれば時刻は午後六時頃で、三度鳴動したために、土御門有宣《つちみかどありのぶ》が占って上申したが、その内容は「病事、天子の慎み」とのことであった。

『親長卿記』の正月十七日の条には、近日禁中に怪異があるとの風聞が流れているが、去る九日の鳴動のほかには変異がない。祈禱をすべきであるが、その命令が一切出されていないので、このままなら人間はなすすべがない。神慮ははからいがたいので、世上は十余年一日も安穏の思いがない。この上またどのようなことが起きるか不安だ、と書かれている。鳴動があったら、祈禱などをして神を慰撫しなくてはならないとの意識が、筆者の親長にはあった。祈禱こそ人間が怪異に対抗する力になったのである。

同年十月二十日に至り、春のうちにあった内侍所の鳴動の後、清祓いなどを行っていないからと、安鎮祭《あんちんのまつり》（神道の修法。家宅の新築に際し、その家の安穏を祈り、また国家の鎮護を祈るもの）がなされた。

鳴動と祖先の霊は関係するが、御所の中で祖霊とつながる場所を捜すと、天照大神の御霊代《みたましろ》としての神鏡を祀る賢所《かしこどころ》がある。内侍《ないし》（律令制で内侍司の女官、特に掌侍《ないしのじょう》の称）が奉仕したので内侍所ともいう。つまり内侍所は御所の中で、天皇家の祖霊ともいえる天照大神の宿る神聖な場所なのである。御所の中で先祖が天皇たちの身に何か起きることを告げるとすると、祖霊を祀る賢所が最も適当な場所だといえる。実際ここに見たように、内侍所では鳴動が起き、朝廷はそれに対応した。

この場合、鳴動で知らせるのは天皇家の異変であるが、天皇家は国家の中心としての役割を持っていたので、それは天下国家の変災を告げるものだったのである。

常の御座　御所の中では内侍所だけでなく、他の場所でも鳴動があった。

『満済准后日記』によれば、永享五年（一四三三）七月五日に御所の中の常《つね》の御座《おまし》の上の天井が常軌をはずれて鳴動したので、人を上らせて見たところ髻《もとどり》が一房あるばかりだったため、狐の所行かと考えられた。その後また八日、九日と同様の鳴動があった。醍醐寺座主《だいごじざす》満済はこのようなことが起きた時には、お祈りをするのが宜しいと、不断護摩《ふだんごま》、不断陀羅尼行《だらにぎょう》を始めるように申し入れた。

これまでの鳴動とは異なり、狐の仕業かとされているが、それでも護摩などがなされている。常の御座は天皇の御在所で常御所のことだろうが、当時は清涼殿《せいりょうでん》にあった。

紫宸殿　『親長卿記』の延徳四年（一四九二）二月十三日の条によると、去年紫宸殿《ししんでん》の方で鳴動があり、その声を天皇や親王なども耳にした。これを占ってみると、鳴動があったのが戌刻《いぬのこく》（午後八時頃）であったならば天皇の病気、ならびに火事の恐れがあるので、紫宸殿においてお祈りの護摩を行われるのがよいとのことだった。

紫宸殿は、清涼殿が天皇の日常の居所であるのに対して、儀式用の御殿である。

台所・清涼殿　永正十二年（一五一五）五月十六日頃、御所の台所が連日鳴動し、その他にも禁中で怪異があったため、六月四日に清涼殿において五大尊合力《ごだいそんごうりき》の護摩を修せられた（『公卿補任《くぎょうぶにん》』）。

永禄三年（一五六〇）三月十六日、清涼殿の棟木《むなぎ》が折れた。また御殿の上の平破《ひらば》が鳴動した。その後、日数ほどなくして御殿の上から火の玉が飛び上がったため、天皇から始まって一般民衆に至るまで大変に怖れをなした。みなは仰天し、清涼殿において仁王経《にんのうきょう》護摩が参勤された（『厳助往年記《ごんじょおうねんき》』）。

天皇家として一族に事件を知らせるべき場所は祖霊のいる賢所であった。同時に朝廷そのものが聖なる空間なので、内侍所以外の場所でも鳴動していた。それは寺社の鳴動と同様あるいはそれ以上に、国家にとって特別な意味を持つ空間として理解され、対応がなされたのである。

御所は寺社と同様に社会の公の空間であり、天皇も国家の神主としての役割を負っていたのである。

左仗　安和三年（九七〇）二月二十八日に左仗座《さじょうざ》が鳴った（『日本紀略』）。左仗とは内裏内部の左近衛府の詰所で、紫宸殿の東側の日華門の内にあり、平安時代以来大臣以下が集まって朝政を審議する陣座《じんのざ》（仗座）として用いられた。

宣陽殿　天慶二年（九三九）五月一日に宣陽殿の柱が鳴ったので御占が行われた（『日本紀略』）。寛和二年（九八六）三月十九日にも宣陽殿が鳴った（『本朝世紀』）。

その他　『左経記』によれば長元元年（一〇二八）に侍従所の塗籠が鳴動した。天正十四年（一五八六）九月十八日には禁中鳴動により興福寺に祈らせた。

第五章　災害の音・幸運の音

前章までに見た事例は、日本全体に異変を告げる性格のものが多かった。第一章や第二章で扱ったのが、血縁関係を基礎にしての危機を告げる音だったとするならば、第三章や第四章で触れたのは、血縁関係を前提としない音であった。

引き続き国家や社会、地域の行く末に関わる音の事例を確認していくが、これまで利用してきた記録はほとんど中世に書かれたものであり、それ以外は近世の地誌や由緒書などで伝聞の形で記されていた。したがって前章の記述は中世を主体とする時期であったが、これからは主に江戸時代における伝聞、さらには現代に至る鳴動に対する意識を探りたい。

こうした事例については、古文書や記録が少ないので、これまで歴史学ではあまり扱ってこなかった、民俗学の分野で採訪の蓄積がある伝説などから探っていく。

異変と山鳴り

山が鳴動して事件を告げるとの伝承は、各地に存在する。それを聞き取ることができれば、事前に対処することができるのである。これから起きる危険をあらかじめ知れば、本来こうむらなくてはならない被害を少なくすることも可能と考えられていた。

鳴動などによって、先祖が子孫に事件を知らせてくれる墓や山があったが、災害の前に鳴動して危険を知らせてくれるとの伝説を持つ山も各地にはある。

太平山の鳴動　北海道檜山《ひやま》郡上ノ国《かみのくに》町字小森に太平山《たいへいざん》（標高三六三・九メートル。泰平山とも記される）という山がある。

蝦夷《えぞ》松前藩主松前邦広《くにひろ》の五男である松前広長《ひろなが》が安永九年（一七八〇）に編纂した『福山秘府』には、寛文五年（一六六五）春に彗星《すいせい》が現れ、西部上ノ国太平山が鳴動して、天ノ川の河口が陸地となったことを「按《あん》ずるに是皆《これみな》不祥の兆《きざし》なり」と記している。また菅江真澄《すがえますみ》は『蝦夷喧辞弁《えみしのさえぎ》』で、寛政元年（一七八九）に天ノ川を渡るに際して、この川は太平山から流れて来るので「てんがたいへい」（天河泰平＝天下泰平）と唱えて、この地の住民が、天ノ川の河口が塞がれて水がせき溢れると、世の中によくないことが起こると意識していることを伝えている。

太平山は明治三十五年（一九〇二）九月にも鳴動したと記録されているが、現在小森で火口跡といわれるあたりを太平山の震動と呼んでおり、近頃まで「震動が鳴ったからまた荒れる」といったという（松崎岩穂『上ノ国村史』）。

つまり、太平山の鳴動は天ノ川の河口が塞がれることとセットになって、社会の異変を報せることになる。太平山は鳴動によって世の乱れや災いの来ることを報せてくれるとの意識が、江戸時代からこの地の住民の間には成立していたのである。

夷王山と松前氏　太平山がある上ノ国は松前氏の発祥地で、松前藩はここを神ノ国と称していた。松前藩の藩祖となった武田信広《のぶひろ》は、康正二年（一四五六）志海苔《しのり》（函館市）でアイヌ青年が「和人」に殺されたことを契機に翌年大軍を率いて決起したコシャマインを射殺して、この地に大きな力を持つようになった。彼は長禄元年（一四五七）に天ノ川の洲崎《すざき》（上ノ国町）に新館を築き、寛正三年（一四六二）漂着した毘沙門天像を祀って毘沙門天王社（今の砂館《すなだて》神社）を建て、武田家の氏神とした。後に居館を勝山館（かつやまだて）に移し、文明五年（一四七三）に館の中に上ノ国八幡宮を建立したとされる。信広が明応三年（一四九四）に亡くなると館の西の山に葬り、その山を夷王山《いおうざん》と呼んで、永禄五年（一五六二）には松前季広《すえひろ》がここに彼の霊を祀った夷王山神社を建立したという。

毘沙門天王社、上ノ国八幡宮、夷王山神社をあわせて上ノ国三社と呼び、夷王山の麓にある墳墓群は、藩制確立に至る四代季広までの松前藩主や一族の聖地とされた。このために新たに松前藩主となる者は、必ず上ノ国の祖廟に参詣することになっていた。一方で藩は、毎年正月に重臣を藩主名代として三社へ参向させた。このように上ノ国は松前藩にとって氏神が鎮座すると同時に祖霊の眠る地として、特別な場所で、その中心が夷王山であった。

太平山で鳴動を起こすとされていた震動のくぼみは昔洞穴になっていて、上ノ国大澗《おおま》の「大人《おとな》の穴」に通じていた。ここから七〇〇メートルあまりの岩崎（立待崎《たちまち》）にある大きな穴を窓岩といい、その先端は階段のようになって海底に続き、上には小さな鳥居が立てられているが、これを神の道《かん》と呼ぶ。夜更けにこの神の道から不思議な灯があがり、夷王山を経て八幡野に渡るのを見ることがあるが、これを竜灯といい、海の竜神が太平山の神のところに通うものとされた。

伝説によれば、ある年の朝、夷王山に登った村人が竜灯のあがってくるのに会ったが、シャンシャンと神輿《みこし》のわたるような音が次第に高くなり、竜灯は八幡野あたりをゆらゆらと揺れ動いていったという（『上ノ国村史』）。つまり夷王山は竜神が太平山へ向かう神の通路に当たるとされていたのである。そしてシャンシャンシャンという音は神の動きを象徴すると理解された。

松前藩の祖霊の眠る夷王山は神が太平山に行く道であり、藩主の三社参詣には、第一章で触れた徳川幕府の巡国使が一乗谷の英林塚を見て国の異変がないか確認したように、太平山の様子を聞き、夷王山から見下ろす天ノ川の河口に異常がないことを為政者として確認する意味も含まれていたのではないだろうか。

御室山の鳴動　太平山の鳴動は天ノ川の流れ（水）の異常とともに世の中の異変を示してくれるとの意識があったわけだが、甲斐《かい》にも山の鳴動と池（水）の色が国の異変を伝えてくれるという伝承があった。

文化十一年（一八一四）に松平定能《さだまさ》によって編纂された『甲斐国志《かいこくし》』には、現在、山梨県笛吹市春日居《かすがい》町に所在する御室山《みむろやま》について、次のような伝説が採録されている。

州人《くにびと》旧説ニ、若《も》シ国ニ災害アル時ハ、予《あらかじ》メ御室山鳴動シ、秋山ノ池水血色ヲ作《な》シテ未然ヲ示スト云《い》へリ、俚歌《りか》アリ。

　　山梨や御室の山の鳴る時は秋山の池ちしほになるらむ

神社境内にある寛政十年（一七九八）に建てられた石碑にも、「相伝う、国家に禍災有る時は、宮《み》室《むろ》山の石堕《お》ち、鳴動す」と記されているので、国家に災いが起きる折、御室山が鳴動するとの伝説は、どんなに遅くとも近世中期までにはできあがっていたといえる。

御室山は山梨岡《やまなしおか》神社（春日居町鎮目《しずめ》）の神体ともいえる山である。神社の正面に当たる東側の神橋《しんきよう》から見ると、神社の背後にある御室山は独立峰で左右対称の端正な形をしており、いかにも神がより来《きた》ると想像された場所との感じを受ける。神社背後の山腹には積石塚《つみいしづか》古墳があり、これが先祖の墓と結びつけられた可能性もある。また積石塚に使われている巨石が、神座《しんざ》・磐座《いわくら》として意識されたとも推察される。第三章で扱った事例では、古墳と鳴動が結びつけられることが多かったが、ここでもそれとの関連が想起される。

山梨岡神社は由緒書によると、崇神《すじん》天皇の時代に、国内に疫病が流行して、人民が大半死亡し、その他にも災害が多発したのを天皇が深く愁い、四海の内に八百万《やおよろず》の神の社地と神戸《かんべ》を定めたことに始まるとされる。この時、病災をことごとく除くために、日光山高千穂の峰（御室山）に大山祇神《おおやまづみのかみ》・高龗神《たかおかみ》・別雷神《わけいかづち》の三体を祀り、隣郷の鎮守とした。

その後、成務《せいむ》天皇の時代に国地郡境を定めたおり、窪地に梨の木が茂っていたのを伐り払い、神戸を移し甲斐嶺山梨岡と号した。山梨県の県名は山梨郡の郡名からきているが、この神社の名前が源とされる。したがって、この神社は甲斐国四郡の根源となる旧社で、社中に郡石《こおりいし》があると伝えられている（『甲斐国社記・寺記』）。

『甲斐国志』の書名が表すごとく江戸時代の国意識は、日本国よりも甲斐国としての方が強かった。甲斐の中心を意識した山梨岡神社の由緒からしても、前に挙げた史料の成立した江戸時代においては、「国ニ災害アル時」の「国」は、甲斐国である可能性が高い。

鳴動ではないが、戦国時代の記録である『王代記《おうだいき》』の享禄元年（一五二八）の条には、前の九月七日と八日に山梨岡宮の垂木《たるき》の一本より血が流れ、いったんとまったが、その後は四本より流れたとの記載がある。神社で流れた血を特別な予兆と感じたから、筆者はこれを書き留めたのであって、山梨岡神社が戦国時代に何らかの予知の対象になっていたことがうかがえる。

御室山が変災を音によって告げてくれるとの意識は、現代まで続いている。私が耳にした地元の古老の話によれば、最近鳴動したのは大正十二年（一九二三）九月一日の関東大震災の前で、山がゴーゴーと唸り声を上げたので、伝承によって何かあると思っていたところ、翌日ぐらいに関東大震災があったという。

秋山池が血色に変わる　山梨岡神社にかつてあったという、古歌に見える変災を伝える秋山池について、『甲斐国志』は次のように記している。

光昌寺境内ニ在ル小池ナリ、相《あい》伝《つたえて》云《いう》、国ニ変災アラントシテハ、池水色変ジテ血ノ如シ、又山梨ノ御室山・坂折《さかおり》ノ玉諸山《たまもろやま》等鳴動シテ石落ルト云《いう》、口碑ニ伝ハル歌ニ

千早《ちはや》ふる御室の山のなるときは秋山池は血しほなすらん

上五文字ヲ一ニ山梨やニ作ル、秋山池ヲ加賀美ノ池ニ作レリ、加賀美村法善寺境内ニモ亦《また》池アリ。

光昌寺（山梨県南アルプス市秋山）は開基が秋山太郎光朝《みつとも》で、秋永山《しゅうえいさん》と号した。現在寺内には光朝、同夫人、父の加賀美次郎遠光《とおみつ》の墓と伝えられる三基の五輪塔がある。寺域は秋山氏の旧跡の地続きである。『甲斐国志』によれば、寺の前の小池は本来は意味を持った形、あるいは日本の国の形にかたどっていたかもしれないが、水に沈んでなくなったりして、当時すでに完全な形ではなくなった。池の左右が大きく、中が狭くなっており、欄干《らんかん》を付した橋をその上にかけて屋宇を構えて、寺の門としている。古人は「天下国主ニ変アラントスル時ハ、山梨岡ノ御室山鳴動シ秋山ノ池水血色トナル、両

地神霊ノ所示然《しか》リト、口碑ニ伝ル歌アリ　山梨や御室の山の鳴ときは秋山の池ちしほなるらん」といっていたという。明応二年（一四九三）には奈良の猿沢池《さるさわいけ》の水が泥の如く、あるいは血の如くなったことがあったが、これと同じ水の色の変化である。

加賀美（南アルプス市）の法善寺は、承久三年（一二二一）三月二十七日に加賀美次郎遠光が、弘法大師の霊夢に感じて修造したとの伝説があるが、一説では血の色になるのはこの池ともされる。加賀美遠光とは甲斐源氏の始祖新羅《しんら》三郎義光の曾孫で、武田氏の始祖太郎信義の弟に当たり、今の南アルプス市加賀美に居住した。

災いを山鳴りが知らせる　加賀美遠光に関係して甲斐国では、雨鳴山《あまなりやま》（南アルプス市）に次のような内容の伝承が存在したと、『甲斐国志』に記載されている。

この山は時々鳴ることがある。夏の日で雨が降らんとする時に最もよく鳴る。山の名前はここからきている。里人はこれを「遠光が鳴る」といっている。その説によれば、山鳴りは加賀美遠光の霊のなすところで、秋山村（南アルプス市秋山）にその声が聞こえることはまれである。もしも聞こえる時には必ず災いがある。『甲斐国志』編纂の百年前に鳴動したけれども、即日暴雨に見舞われ、洪水が起きて、民屋が多く流亡したという。

地名から、天気予報と山鳴りが結びつけて考えられていたことが知られる。ここでは危険を伝える山の音の伝承が、現実に起きたこととして理解されている。この山は城山の東にあり、城と関係がありそうなことにも留意しておきたい。

ちなみに『甲斐国志』は文化十一年（一八一四）にできあがったが、ちょうど百年前の正徳四年（一七一四）には、笛吹《ふえふき》川が本流・支流ともに大出水し、沿岸の人家・田畑が多数流出している（早川文太郎・須田宇十『山梨県水害史』、山梨県水害史発行所）。こうした側面からすると、伝承は一定の事実をもとにしているといえる。注目されるのは、災害を住民に伝えるために山鳴りを起こしているのが、加賀美遠光の霊だとされていることである。

秋山村に雨鳴山の音が聞こえると災いがあるという点は、秋山池の色が国の変災を伝えるのと重なる。なぜこのように加賀美遠光、あるいは秋山光朝に関係するものが異変を伝える能力を持つのか不明であるが、有名な治承四年（一一八〇）の富士川の合戦に長男光朝と次男長清《ながきよ》を従え、敵を破り、その後も戦勝をあげた武力、次男長清が小笠原氏の祖となったという血筋、武田氏の始祖信義の弟といった経歴から、彼の名前が一族を代表する役割を負っていたためではなかろうか。

なお、第一章で見た、同じ雨鳴山を扱った南巨摩郡富士川町の現代に残る伝説では、雨鳴城の主体が秋山光朝に移り、予兆能力も天気予報に変わっていることから判断すると、音を出す主体や音の持つ意味の理解は、時代とともに変化しうるものであったといえよう。

玉諸神社の鳴動　御室山の鳴動の場合、山梨岡神社の旧址が鳴動しているので、神と山とが密接な関係にあったことが知られる。甲斐国には同じような例がもう一つある。それが『甲斐国志』に「坂《さか》折《おり》ノ玉諸山《たまもろ》」と見える、甲府市にある玉諸神社である。

享保九年（一七二四）に甲府勤番《きんばん》として赴任した野田成方《しげかた》（鶉鼠《りようそ》）が、宝暦二年（一七五二）に官職を辞任するまでの間に見聞した事項を書き記した『裏見寒話《うらみかんわ》』に、次のような話が見える。

玉諸神社は善光寺の東で、酒折《さかおり》との間の山に森がある。正一位《しょういちい》玉諸大明神といい、『延喜式《えんぎしき》』の「神名帳《じんめいちょう》」にも記載されている。ただしこの神社に、女人は参詣することができない（現在では女性も参詣できる）。神社が正一位を勅許された時、吉田家から許されたので重陽《ちようよう》（陰暦の九月九日）の一日だけ女人も参詣する。そしてここは、「国に大変あれば、此山大《おおい》に鳴動し、軽き変には、少し鳴ると云《いう》」と説明されている。

玉諸神社は甲斐国の三宮《さんのみや》で、景行《けいこう》天皇の代、日本 武 尊《やまとたけるのみこと》が東夷をたいらげた時に甲斐国の酒折宮にとどまり、国中の反乱が静謐《せいひつ》するように、と甲斐国の中央の勝地を選んで祀ったのに始まるといわれる。また、一個の宝玉を土の中に埋め、一株の杉を植え、これを玉室杉《たまむろすぎ》と称したとされる（『甲斐国社記・寺記』）。窪八幡神社の八本杉同様、杉が神木になっていたことに注意しておきたい。

神社には本来拝殿に穴が開けられており、そこから神体となる山（酒折の御室山）を見通せられるようになっていたという。現在、穴は閉じられており、しかも周囲に多くの人家が建ったために、社地から神体となる山をしっかり見ることはできないが、神社の背後にまわって確認すると、山梨岡神社から見る御室山によく似た山容である。

玉諸神社では国に大変なことがある場合、山が鳴動するとされるが、由緒の表現からして、鳴動する山は玉諸神社の神体そのものである。国の静謐を祈った神社で、国に異常が起きそうな時に山が鳴動して事件を知らせるとの伝承は、御室山とよく似ている。

なお、これまでに挙げた甲斐の事例が決して特殊でないことを確認するために、一例として青森県三戸郡《さんのへ》三戸町にある牛鼻山《うしはなやま》の伝説を挙げておこう。町の東留崎《とめさき》地内にある牛鼻山または留崎という場所に、南部《なんぶ》氏代々の居城であった城跡がある。城のある山が事あるごとに牛が吼《ほ》えるように鳴動するので、牛鼻山の名がついたという（『日本伝説名彙《めいい》』）。城のある山が事件の起きる前に鳴動することを留意しておきたい。

このように国家の異変もしくは地域の変災を告げるために鳴動する山は、各地に存在したのである。

山や木の音と災害

山が鳴動して未然に危険の襲来を教えてくれる伝承は、第二章で触れた談山《たんざん》神社の藤原鎌足の御墓山《おはかやま》鳴動に連なる。御墓山鳴動の場合は、血縁者に教えたものだったが、山が鳴ることで災害を知らせるとの言い伝えは各地に存在する。

①山梨県上野原市 棡原《ゆずりはら》の明体権現《みょうたいごんげん》

棡原《ゆずりはら》村尾続《おづく》の向山に小勢籠《こせこ》と称する峰がある。明治の中頃まで中腹に明体権現を安置していた。口碑によれば、往昔この付近で時々音楽の声が聞こえた。これは諸神が奏楽するもので、その響きが同村井戸《いど》、小伏《こぶし》方面に聞こえる時は無事だけれども、尾続方面に聞こえる時には凶事が多かったという

（『北都留郡誌』）。この場合、神々は音楽によって村人の危機を伝えてくれていたことになる。峰で聞こえる音楽は山鳴りとも密接な関係にあると思われる。

②山梨県大月市笹子《ささご》の「矢立杉《やたてすぎ》」

山梨県の窪八幡神社では杉の木が倒れることが予兆になったが、木が唸って事件を知らせるという伝説もある。この杉は、周囲七抱《かか》え半もあって、古来この道を軍勢が通る時は必ずこの杉に矢を射立てて、山の神に手向《たむ》ける習わしであった。この杉の側には、「武夫《もののふ》の手向けの征箭《そや》も跡ふりて神さび立てる杉の一もと」という、明暦年間（一六五五～五八）に建てた碑が存在する。笹子山は一名坂東《ばんどう》山《やま》と称し、関東で名高いが、山に何か異変が起こる時はこの杉が唸《うな》ると言い伝えられていた（鈴木重光『相州内郷村話』、郷土研究社）。

老木の幹から鏃《やじり》が出る由来を説明する矢立杉の伝説は各地にあり、信仰行事にかかわるとされている（柳田國男「信州随筆」『柳田國男全集』第二四巻）が、この矢立杉の場合、甲州街道の難所の笹子峠に近く存在するので、やはり信仰の対象になる木だったのであろう。峠に立つ矢のような形をした常緑の杉の大木に人々は神の来臨を感じ、信仰の対象にしたのである。神の木だからこそ、唸りの音を出して山の異変を告げることが違和感なく受け入れられたと推察される。

③「ヤマシズメ」

この語を『改訂綜合日本民俗語彙』（平凡社）は、「山鎮め。愛媛県北宇和郡目黒あたりの山間でいう。山で不意に太鼓の音がすることがあったら、すぐに神主を頼んで山鎮めをしてもらわぬと、山が荒れて怪我人が出る。北向きの山はことに荒いという」と説明している。

愛媛県では山で太鼓の音が聞こえたら山が荒れるとの伝承があったのである。太鼓の音が予兆とされ、それに対処して山を鎮めれば災害は防げる。こうしたことわざのように、山で聞こえるさまざまな音が災害の前触れとの理解は、つい近年まで続いていた。

④山に関係することわざ

「近隣の山に鳴動を感ずる時は大洪水あり」（越智秀一『天災予知集』、紫雲荘）がある。すでに山の音と天気予知の関係に触れたように、現在でも音と天気とが結びつけられているのである。またこのことわざでは、単なる天気予知ではなく、本章冒頭で見た中世の天ノ川河口と同様、それが引き金になって起こる大洪水に予測の中心が置かれている点に注目したい。

年占の山の音　以上は凶事の音であるが、逆に以下では、山や岩・石の音を耳にすると幸運が訪れるといった、年占《としうら》の音が存在したことを紹介しよう。

次の二つの伝説はともに山梨県大月市に伝わっている。現在では同じ市域に入っているが、語られている場所は異なっている。江戸時代にできた『甲斐国志』から、先に真木《まぎ》の「吹切峰《ふききりみね》」の伝説を確認する。

吹切峰は大変に高く嶮しい峰で、西南は真木村、東南は奥山村、北面は奈良子《ならご》村にそれぞれ属している。峰の上に小さな祠《ほこら》があり、姥子《うばこ》神社と称する。里から峰に至るまで三里余りである。「毎歳《まいとし》正月、此嶺《このみね》ニ太鼓《たいこ》ノ音スルコトアリ、山下ノ村落之《これ》ヲ聞バ、其《その》年豊《ゆたか》ナリトテ悦《よろこ》ブ」という。

大月市白野《しらの》には、江戸時代に「滝子山《たきごやま》」の伝説があった。この山は笹子峠から東北東に位置する。峰続きに半里ばかりの東南東に滝子山という高山がある。この山の岩石は屹立して人跡が絶えた峰である。その峰に白竜《はくりゆう》権現を祀っていたが、後に祠を山の中腹に移した。旱魃《かんばつ》の年に雨乞いをするのに、地元の人が集まって頂上に登り、一生懸命に異口同音数千回神号《しんごう》を唱えると、必ず雨がもたらされるという。

毎年正月十四日、この山の上で笛や太鼓の音が空谷《からだに》に響き、さながら囃《はや》しのように聞こえることがある。地元民は天狗の囃しといい、この声が盛んであれば、その年は豊かであるといって喜ぶという。

この二つの事例では、正月に山の上から聞こえる音によって豊凶が占われている。正月に聞こえる山の音が一年の年占に利用されたのである。音が未来を告げるとの意識はここにも見られる。

鎌倉海辺　最後に山と反対の海についても触れておきたい。『吾妻鏡』によれば、寛喜二年（一二三一）十一月十七日に鎌倉の海辺が鳴動したという。

岩や石の鳴動と災異

山は岩や石、さらには土などからなっており、岩や石は山の代表ともいえる。記録に残る泣き石や唸り石の例は、序章・第一章で取り上げたが、各地に岩や石が鳴動して、事件が起きるのを人間に知らせてくれるとの伝承がある。

事件を告げる岩の伝承を確認していきたい。

天皇家と鳴動　奈良市の神戸岩《かんどいわ》の口碑は、次のように天皇家の慶事と関係する珍しいものである。沢庵《たくあん》の選んだ名勝十景の一つに、三十畳ほどの切ったような大岩を神体とする天之石立《あめのいわだて》神社がある。この谷一帯に自然石がたくさんあり、三千百三十二柱の神々がそれらの岩に住んでいるという。昔、天の磐戸《あまのいわと》を手力男命《てぢからおのみこと》が押し開いた時、その扉の一片は大空を飛び、小柳生庄《こやぎゅうのしょう》にきて留まった。それがこの御神体で、神の宮居《みやい》の戸《と》という意味で神戸岩といった。それで近隣の小柳生庄・坂原庄・邑地《むらち》庄・大柳生庄を合わせて、昔から「神戸《かんべ》四カ郷」と呼んだ。後に関白頼通がこの地を奈良の春日神社に寄進したが、そのとき神戸岩が鳴動し、そののちも天皇家に慶事のあるごとに鳴動するという（『奈良県史』民俗下巻）。

神戸岩は天の岩戸の一部として神が宿る岩で、天皇家に慶事があるごとに鳴動すると信じられてきたのである。

変災と岩の音　悪いことが起きる前に音や声を出す岩の伝説は各地にある。

①山梨県上野原市の御番城山《ごばんしろやま》

『甲斐国志』によれば、御番城山の南の中腹に岩がある。この岩を山の下より望むと形が太鼓に似ているので、地元の人たちは太鼓岩と呼んでいて、この村に変災が起ころうとすれば、この岩が太鼓のような声を発して、一村に響かせるという。

もう一つここで注目しておきたいのは、太鼓岩が御番城山という地名の山に所在することである。地名からして、ここには中世に山城があったと推定され、先に見た青森県の牛鼻山の伝承や山梨県南アルプス市の雨鳴山ともつながる。ともかく、この場合の岩は山の代名詞である。

②長野県佐久市の仏岩《ほとけいわ》

香坂《こうさか》川の南に大きな岩がある。これを「仏岩」といっている。何か村内に不思議なことが起きるか、または人が死ぬとかする前には、きっとこの岩がガラガラ大きな音を立てる。すると案の定忌《いま》わしいことか、または誰かが亡くなったということを聞く。それで仏岩と名づけられたのだという（『佐久口碑伝説集　北佐久篇』、佐久教育会）。

死者との関係が述べられていることから、仏は死者を意味しており、ここに出てくる仏岩は、死者の霊のより来る岩と理解されていたのであろう。

③福井県丹生《にゅう》郡越前町の奇岩

唐戸《からと》山茗荷《みょうが》の山中に所在する、長さ九メートル、幅二メートルの奇岩は、凶災の前年には必ず鳴るといわれている（杉原丈夫編『越前若狭の伝説』）。

鳴る石　石のなかには鳴動して災異を告げると信じられたものがあった。そうした石は鳴る石などと呼ばれ、各地に存在している。

①山梨県北杜市大泉町の「鳴る石」

谷戸《やと》の北西に、大きさ三・六メートル四方ほどの巨石がある。この石は昔から何か変わったことがあると必ず鳴った。そして不思議なことに、この石は村人に何でも貸してくれた。冠婚葬祭の時など前日に石の前に行って、「明日までに何々を貸してください」と頼んで翌朝行くと、必ず石の上に頼んだものが載っていたという。そして用が済んだら石の上に返しておくと、知らぬ間にどこかへ片付けてしまう。ところがある時品物を借りて、それをこわしたまま返しておいたら、石はたいそう怒って、その時以来いくら頼んでも決して貸してくれなくなった（『大泉村誌』下巻）。

この伝説の後半は、塚や池、淵または山陰の洞穴などで、頼めば膳椀《ぜんわん》を貸してくれたといういわゆる椀貸し伝説であるが、物を貸してくれる石が事件があると必ず鳴った点が、本書のテーマとつながっている。

②静岡県駿東《すんとう》郡鷹根《たかね》村（現御殿場市）の「呼ばわり石」

宝永年間（一七〇四〜一一）洪水の際、柳沢の西北、内山の方から「水出るぞ急ぎ山に逃げよ」と叫ぶ声があった。村人は水が引いてから内山へ行って探すと、一つの大石の上に杖と沓《くつ》の跡に似たものがあった。村人は赤野《あかの》観音が現れて救ってくれたとして、いっそう尊信し、この石を人呼ばわり石というようになった（『日本伝説名彙』）。

ここでは石が声を出して、村に大水が出るのを知らせている。しかもその声を出したのは観音と信じられた。

③長野県長野市豊野町北石の「泣き石」

三念沢《みねさわ》の入り口にある。一説には、大雨などで堤が決壊しそうになると、沢の中にある巨石が泣いて危険を知らせると信じられ、それで泣き石と呼ばれているともいう（『とよのむかしばなし』第二集）。

ここでは巨石が泣いて堤防決壊を知らせるというが、石は所在する位置からして、人間世界と神の世界の結界を示すものであった。二つの世界の間に置かれた石は、未来を知ることのない人間に、泣いて危険を知らせたのである。

④滋賀県大津市の「鶏石《とりいし》」

京と近江の境に当たる逢坂山《おうさかやま》の奥には、鶏石という巨大な石があり、世の中が乱れようとする時には石の中から鶏《にわとり》の声が聞こえるという（『柳田國男全集』第二巻）。

⑤備後御調《みづき》郡宇津戸《うづと》村（現広島県世羅郡世羅町）字下山の「香合石《こうごういし》」

この石は、里中に災異のある前に声を発して鳴るとされる（『柳田國男全集』第二巻）。

天変地災と動く石　山や石などが事件を知らせる際には音を出したが、音でなくて動くことに焦点が当てられた例も多い。

①山梨県甲斐市志田の諏訪神社の「船石」

船形《ふながた》神社とも呼ばれる。慶応四年（一八六八）に提出された由緒書によれば、三月と六月の祭礼には、船塚という御旅所《おたびしょ》に神輿御幸《しんよみゆき》がされていたけれども、天正十年（一五八二）の新府城落城の時から中絶した。船塚には船石という大石が、また田の中には腰掛け石とも呼ばれる輿石《こしいし》があり、昔はここに社殿があった。この船石は郷中に変事がある折に動くと伝えられていた。田地にこの石があっては益にならないと、脇に出そうとしたことがあったが、その時に疫病が流行して石を動かそうとした一家は断絶したという（『甲斐国社記・寺記』）。

船形神社の呼び名からしても、この石が本来神社の中心をなし、神の降臨する石、もしくは神体そのものとして理解されていたことは疑いない。郷中に異変がある時には動くというのも鳴動の一つになろう。地域の神社は住民に変事を伝えてくれる、だから我々は守られているのだと意識させることによって、神社は住民によって保護され、維持できていたのである。

②富山県小矢部《おやべ》市石動の「動字石《どうじいし》」

石動山天平寺《いするぎさんてんぴょうじ》の少し下に動字石という石があって、国に天災地変があると、動き出るとされ、動く石があるから石動山の文字を当て、音読みして「せきどうさん」と呼んでいるとのことである（石崎直義編『越中の伝説』、第一法規）。

石動山の動字石は国に天災地変があると動くとされるので、これも予兆の石である。この際にも鳴動があったと思われる。地名にもなるくらいであるから、石が動いて天災地変を知らせてくれるとの理解は、近隣に相当広く分布したものであろう。

③福岡市の筥崎宮《はこざきぐう》にある「湧出石《わきでいし》」

この石は砂の上に少し頭を出しているだけだが、国に一大事があるとき、地上に姿を現すという言い伝えがある。

凶変の音響　鳴動する岩の根源を考えさせる内容としては、和歌山県田辺市五味の「赤倉の鉄砲」という、次の伝説が興味深い。

五味村に大黒という大力の子がいた。あまりの怪力に両親は身の危険を感じ、木に登ったところを撃ち殺した。大黒は一瞬火の玉となり、赤倉という高さ百余尺の岩へ飛んで行った。それ以来、赤倉で時々大音響のすることがある。それを赤倉の鉄砲といい、これを聞けば凶変が起きた（宇江敏勝『森のめぐみ―熊野の四季を生きる―』、岩波新書）。

凶変を伝える音を発するのは、両親によって鉄砲で殺された大黒という特別な力を持つ子供の霊が宿った赤倉岩だった。異常な死に方をした怪力を持った人物の霊が岩に籠もったので、赤倉岩は信仰の対象になったのである。これは白峯陵《しらみねのみささぎ》など御霊《ごりょう》信仰とも重なる伝説である。

福井県勝山市の旧鹿谷《しかだに》村保田《ほた》には、昔、天狗の米をかつぐ音、木を切る音、はやす音、笑う声がとてもひどく、不安な夜を明かしたところ、翌日八十軒も焼けた大火事があったとの伝説がある（杉原丈夫編『越前若狭の伝説』）。

この伝説では、天狗がたてたと思われる音が翌日の大火事を示していた。天狗は自らが逃げるために音をたてたというが、結果的にこれが火事の予兆とされた。ちなみに、木が伐られる音は、山の予兆としての音との関連を暗示している。

山や岩、塚などが鳴ることは、大きく見ると大地の鳴動につながる。大地の鳴動が具体的な地震の前兆というのは、全国的に語られている。たとえば、越智秀一の『天災予知集』には、次のようなことわざが集められている。

○地震の前兆として、気圧が弱くなり耳が鳴る（福島県飯坂《いいざか》温泉、飯塚直太郎氏の体験）。

○蒸し暑い日に鳴動（空中、海山等にて）を聞けば地震がある。

○地震のある前は気候に変調をきたし、蒸し暑く、空に異様な霞が棚引《たなび》き、太陽や月の色が赤く見え、地鳴りを伴う。

○動いていた雲が止まり、吹いていた風も止んで、四辺《あたり》がぼんやりとなって地音がする時は地震の前兆。

実際、地震に際しては鳴動がともなない、前兆現象としても音があることは科学的に確かめられる。そして、地震は災害の代表的なものである。したがって、これまで見てきたさまざまな鳴動には、現実の地震を告げる大地の音を、そのように表現したものもあったと考えられる。

神仏からの知らせ

人間は本来的に未来を見通すことができないし、未来のすべてを支配しているわけでもない。したがって特に中世以前においては、人間社会の未来を知り、制御しているのは神や仏だと多くの人は考えていた。これまでの事例でも人間に危機を伝えるのは、先祖の霊や神など、人間とは異なる世界の住民であった。

神像は告げる　災害などを前もって知らせてくれ、人間を加護してくれる存在として、神や仏、祖霊などが想定されていた。すでに見た地域共同体における災害を知らせる神仏やその祠などの伝説は、それを示しているが、もう少し事例を挙げてみたい。

①山梨県北杜市高根町の「夜泣きをする神様」
熱見《あつみ》村西原に小さい石祠に祀った神がある。この神は村に異変が起きる前に、赤子の泣き声のような声を立てて泣き歩く。また、空腹になると夜泣きをするという。夜泣きを聞いた村人が米をあげると、泣き止むという（『高根町誌』下巻）。

村人は必ずしも血縁で結ばれているわけではなく、同じ村に住むという地縁でつながっている。地域はこうした神によって守られ、住民相互の地縁的つながりが強められるのである。

②山梨県韮崎《にらさき》市の「こあ沢の稲荷《いなり》」

南畠に稲荷が祀ってあり、村内に変事のある時は夜な夜な泣いて知らせた。また、この稲荷は子供の夜泣きを癒し、そのほか種々の願を成就してくれたという（土橋里木『甲斐伝説集』）。

③山梨県北杜市高根町の「無名石祠」

西割の西原前方の田の畔《くろ》に、小さな無名の石祠がある。昔、ある冬の夜、この祠が大きな唸り声をたてた。近所の人たちが気をつけていたところ集落に火災が発生した。この唸り声がなければ、西原の集落は全焼したかもしれない、と感謝をあつめた。今も正月には松飾りがあがっている（『高根町誌』下巻）。

村人の安全を守るために、火災の前に日頃から信仰の対象になっていた祠が声（音）を上げて、村人を救った。信仰の対象になる宮は音を媒介にして、地域の住民に異変を伝えてくれるとの信仰が民衆の間に存在したのである。

動く仏像　態度と音で人間に訪れる災異を示してくれる伝説がある。

①山梨県北杜市大泉町西井出の忠孝寺《ちゆうこうじ》にあった「首振り地蔵」

この石地蔵は、昔から天災地変のある時は首を振って知らせた。明治七年（一八七四）の大火災の前にもしきりに首を振り、音まで発したが、間もなく大火が起こって寺も焼け、地蔵も行方不明になったという（土橋里木『甲斐伝説集』）。

この地蔵は、天災地変のある時に首を振って知らせてくれたので、首振り地蔵の名前がついた。

②静岡県静岡市清水区宍原の金仏

宍原《ししはら》字町屋の大木治左衛門が、天保八年（一八三七）に宅地の石垣が崩れたため、積み直したところ、毎夜、蛍火のような光が見えた。その翌年、またその石垣が崩れたので、今度は大石を根石に据えようと深く掘り下げたら、鍬《くわ》の先に石のように固いものがカチリと当たった。見ると、鍬の刃の当たった所が光っている。土を落とし水で洗うと、高さ八寸（約二四センチ）ばかりの金仏で、手に鉢のようなものを持っていた。その翌年、村内で出火のあった前夜、金仏が鐘を鳴らすという奇跡があった。この金仏は、今は高田村の寺の本尊になっている（小山枯柴編『新版駿河の伝説』、羽衣出版）。

つい近年まで、火事は半鐘《はんしょう》によって周囲に通報されたが、伝説の主人公の仏像は自ら鐘を鳴らして村の火事を知らせたとされる。おそらく持っていた鉢を鳴らしたのが半鐘の音のように聞こえたと理解されたのであろう。

仏像が動いて事件の発生を知らせるとの信仰は、中世にまでさかのぼり、記録に残っている。『看聞日記《かんもんにっき》』によれば、応永二十五年（一四一八）三月十二日に、矢田《やた》地蔵堂（奈良県大和郡山市）で勧進《かんじん》のため法師が平家物語を語っていると、地蔵菩薩が錫杖《しゃくじょう》を振り、仏体を少し動かした。平家を聴聞《ちょうもん》して芝居を見物していた者たちはこれを見て不思議なことだと思っていたが、後にこれが火災を知らせる行動であったことがわかったという。

山梨県の首振り地蔵の伝説は、中世のこうした意識の系譜を引くのである。

泣いた仏像　自ら泣くことで凶事を知らせようという仏像もある。

①山梨県北杜市武川町三吹《みふき》の文殊《もんじゅ》菩薩像

昔は三富貴《みふき》神社の西の丘にあったが、明治三十一年（一八九八）の水害で流されて、今は万休院《ばんきゅういん》内の文殊堂に祀ってある。その仏像は生き狐《きつね》といわれ、村内に火事、その他変事のある前には、必ず異様の声で鳴いてこれを知らせた（土橋里木『甲斐伝説集』）。

火事その他の変事を告げるのは、先ほど掲げた山梨県北杜市高根町の「集落を災難から救った無名石祠」と同じである。

②秋田県秋田市の熊野神社から宝袋院《ほうたいいん》に移した「泣き観音」

この観音を俗に「めろり観音」というが、それは町内に凶事が起ころうする時、めろめろと泣き廻るからである（中山太郎編『日本民俗学辞典』、梧桐書院）。

③愛知県江南市小折《こおり》の常観寺にある「泣き地蔵」

この地蔵は国に異変がある前には汗を流して予想したという。昔、ある人が盗み出し讃岐《さぬき》国（香川県）まで背負って行ったが、さまざまの不思議に怖れをなし、これを沢のほとりに棄てた。その地に毎夜光るものが出現し、また赤子の泣き声が聞こえたり、ある下人《げにん》にこの地蔵様が憑《つ》いて狂い、もとへ返さぬと祟《たた》るぞとわめいたので、探し出して尾州（尾張国＝愛知県）へ送り返した（『日本伝説名彙』）。

伝説の主体は盗み出された地蔵が泣いた点にあるが、その前段階として国に異変のある時に汗を流したという地蔵の特別な力が述べられている。

④福島県西白河郡滑津《なめづ》村（現中島村）代畑《しろはた》の「汗かき地蔵」

この地蔵は、「奥州の汗かき地蔵」といい、古来、事変がまさにやって来ようとする時、この地蔵が汗を出すと言い伝えられており、信心する者が多い（同）。

我々が事件の時に冷や汗をかくのと同じであろうか、これらの地蔵は汗で人に連絡をしてくれたのである。

汗を出すという奇跡を見せる仏像は、中世の記録にも残る。

文治二年（一一八六）九月二十四日、九条兼実《くじようかねざね》は宇治の平等院で、阿弥陀堂の仏や鏡から汗が出るという怪異があったことを知った。怪異は翌日も起き、二十六日に陰陽師《おんみようじ》によってその原因が占われている（『玉葉《ぎよくよう》』）。

『満済准后日記《まんさいじゆごうにつき》』によれば、応永二十三年（一四一六）十二月二十五日、石清水《いわしみず》八幡神社の護国寺《ごこくじ》の薬師中尊が約三時間にわたって汗を流した。

これらは世の中に変事が起こる前触れとして理解されたが、中世人の意識は現代の伝説にまで伝わっているのである。

天狗からの信号　天狗は神や仏と同様、この世の住人ではないが、神仏ほどの聖なる力をも有していない。その天狗が音で人間に災害などを伝えてくれるとの伝説も存在する。そうした音による災害予知は、福井県勝山市の旧鹿谷村保田に起きた火事の前の不思議な音（本書一五四頁）にも通じてくる。

①長野県大町市八坂左右《そう》の天狗山

山に天狗を祀った宮がある。この天狗は事変や災難が起きようとする前に村人へ知らせた。日清や日露の戦役の時は、本社で昼間は団扇太鼓《うちわだいこ》をたたく音が誰にもよく聞こえ、夜になると灯明《とうみよう》の火をともすように見えたという。この天狗社は数百年前に建てられた石の祠である（『北安曇郡郷土誌稿』第七輯、信濃毎日新聞社）。

天狗山の天狗を祀った宮から、事変や災難を告げる太鼓の音がするとの内容から、宮のある山そのものが神体だった可能性がある。太鼓のドンドンという音は、山鳴りの響きともつながってこよう。

②長野県上水内郡小川村の天狗社

湯の沢集落は、享保六年（一七二一）に開拓されたといわれるが、そこの天狗社の祭りは春と秋に行われる。その祭事に「天狗の太鼓」が響くという。

湯の沢の北側を登って二町（約二一八メートル）ほどのところに、ねこ（藁縄《わらなわ》を編んで作った大型のむしろ）二枚を敷くことができるくらいの穴があり、その中に祀られている天狗の太鼓の「ボーンボン」という音が奥から聞こえてくる。これは四月と九月の二回は必ず聞こえるが、そのときの音の数は三十二か四十二と決まっている。この太鼓の音が、連続して聞こえたら天災の前触れで、明治三十七年（一九〇四）の六月十五日の大洪水の時も、四月から六月十五日まで毎晩聞こえた。近ごろでは、昭和三十四年（一九五九）伊勢湾台風の時も毎日聞こえた。弘化四年（一八四七）の善光寺地震の時にも聞こえた（『小川村誌』）。

トンネルの中で幽霊に会うと今でも語られたり、井戸の中から妖怪や幽霊が出ると信じられるように、地中は他界である。岩穴は地中の他界とつながっているが、そこからこの世に悪いことが起きるぞと知らせる太鼓の音が聞こえるわけで、知らせているのはこの世の者ではない天狗である。

③静岡県駿東郡清水町の「天狗の米つき」伝説

湯川から下徳倉《しもとくら》へ行く途中の右手にある本城山《ほんじようやま》にまつわるもので、この山の中腹に天狗岩という大岩があり、昔、ここに天狗が棲み、月明かりの夜などには岩の上に集まって米つきをし、かわるがわるつく杵《きね》の音が聞こえたという（『新版駿河の伝説』）。

音は夜に聞こえたが、人々はそうした音をこの世の動物や人がたてたと考えず、最初から天狗の仕業と理解したのである。ここでも山で聞こえる音が、特別なものとして認識されていた。注意しておきたいのは、その場所が「本城山」という地名であったことである。地名とこれまで見てきた伝説などからして、ここにも中世は山城が築かれていた可能性がある。

天気を知らせる音

地域に起きる異変の中でも、人々にとって最も気にかかるものが自然災害である。その中でも日常生活と密接なのは天候であった。翌日の天気などを知らせてくれる、音にまつわる伝説やことわざは各地に存在する。

そこで、少し寄り道をして天気に関係する音を確認しておこう。

天狗の太鼓　天気と天狗とは関係が深いと意識されていた。

①長野県大町市美麻高地《みあさこうち》の天狗の祠

竹之川《たけのかわ》の断崖の上に天狗を祀った祠がある。天気の変わり目などにはここで太鼓の音が聞こえるという。そして祠の近くには天狗の桶ケ淵《おけがふち》だのまさかり淵だのという水たまりがある（『北安曇郡郷土誌稿』第一輯、郷土研究社）。

②京都府南桑田郡保津村《ほづ》（現亀岡市）の「天狗松」

樫田《かした》村二料《にりよう》の東に高い山があるが、その山の頂に二本の松がある。それを笠松と呼んでいるが、一説には天狗松とも称するとされる。昔天狗がこの樹の上で太鼓を叩いたそうで、それを明瞭に聞いた人もある。そして誰かが「天狗山が太鼓を叩いている」といえば、ピタリと音が止むが、しばらくするとまた叩き出すという。それは雨の日に限るそうである（垣田五百次・坪井忠彦編『口丹波口碑集《くちたんばこうひしゅう》』、郷土研究社）。

③長野県南佐久郡臼田町田口の「雨乞岩《あまごい》」

昔は雨が降らないで困ると、馬坂《まさか》の雨乞岩に雨乞いをした。ここには天狗がいて、夕方に岩の下へ行ってみれば、ドンドコドンと太鼓の音が聞こえたという（浅川欽一編『信州の伝説』、第一法規）。

こうした伝説のように、天気の変わり目と特定の岩や石が作り出す音とは深く結びついていると理解された。音と天気の変化とを結びつけて自然の動きを読みとろうとする伝承は、現代の我々の日常生活でも、雨が降る前に遠くからの音が聞こえたりする経験などから、ある程度了解されよう。

神が伝える天気の変わり目　この世の人間に近未来の天気を知らせるのは神だとする内容の伝説が、長野県北安曇郡小谷《おたり》村にある。

中土《なかつち》村奉納《ぶのう》区の奥に獅子ケ平という柴原があり、その奥の大野に岩戸別命《いわとのわけのみこと》を祀った若宮神社の祠がある。昔は天気の変わり目には必ず知らせがあって、岩戸を叩く音がドンドンと聞こえれば、たちまち雨降りになったと言い伝えられている（『北安曇郡郷土誌稿』第一輯）。

神社の岩戸を叩く音が雨の予兆となったのである。神社という神のいる場所で、しかも神のより来る岩戸につながっての天気予報である。同じ小谷村に、次の伝説もある。

北小谷村の真那板《まないた》のお善鬼《ぜんき》様は赤痢に利益があって、昔、李平《すもものだいら》区に赤痢が流行した時などは霊験が著しかった。今でも李平では陰暦九月朔日には若宮神社と書いた赤い紙の吹流しをもってお参りに行く。お善鬼様は昔は時々糸魚川《いといがわ》まで魚類や塩を買いに出かけた。昔は対岸の蒲原《かんばら》温泉で雨の降る前に、必ず真那板山で重い扉を閉じる音がし、晴れる時にはガラガラと開ける音が聞こえたという（同）。

おそらく、これまで触れてきた山の音は、気圧の変化などによって山に当たる風に強弱が発生し、生じた音だったのであろう。このように、身近な音の変化は天気予報の源になっていた。それは、地域における自然経験が蓄積したものであった（笹本正治「災害文化と伝承―長野県小谷村の土石流災害と伝承―」『京都大学防災研究所研究年報』四一号）が、こうした音を人間や動物が作り出していない以上、あの世の者が作り出したと考えたのであろう。

天気を示す石　ここまで山の音から天気予報へと進んだが、次はある種の音から天気を予知する言い伝えを見てみよう。

一族の運命を物語る泣き石はこれまで見てきたが、石が作り出す音と天気とを結びつけた伝説として、長野県の蓼科山《たてしな》の麓に「蓼科の鳴る石」伝説がある。

蓼科の鳴る石（鏡石《かがみいし》）は、蓼科山麓の広い野原のまん中にある大きな鏡のような石で、昔は風が吹くとこの石が鳴ったので、鳴る石と呼ばれた。この石が鳴るときまって天気が悪くなったといわれている。あるとき石工《いしく》が割ろうとして、玄能《げんのう》（鉄槌《てつつい》）で二つ三つ打つと、山が鳴り谷が答えて震動し、たちまち火の雨が降り、石工はもだえ苦しんで死んだ。いつの頃からか石を無理に動かしたので、それから鳴らなくなってしまったが、今でもしめ縄が張ってある（『佐久口碑伝説集　北佐久篇』）。

この石の鳴る音は天候の悪化を地域住民に伝えていた。この石は山の鳴動を呼び起こしているので、単なる岩ではなく、山とも密接につながっている。石にしめ縄が張られていることからして、聖なる石・神体といえよう。

このような音によってこれからの天気を示す石は、長野県にだけあるわけではない。石川県鳳至《ふげし》郡七浦村吉浦（現輪島市門前町）の海中にある「鳴石《なるいし》」は、南風の吹く時は鳴るのでこの名があり、村人はこれで風雨を予知するという（『改訂綜合日本民俗語彙』）。

このように、石が鳴ると天気が変わるとの地域の言い伝えは、広く分布している。

岩の音　天気を予報する石の変形として、長野県大町市八坂鳥立《とりたて》にある「盲女《ごぜ》岩」がある。これは高さ二十間（約三六メートル）、幅十五間（約二七メートル）の大きな岩である。昔この岩の下に盲女が三人いて、天気のよい日には岩の頂上の平らなところに出て三味線をひいて楽しんでいたが、ある日三人で喧嘩をはじめて、ついに三人もろとも岩からころげ落ちて死んでしまった。今でも天気の変わり目にはその岩の付近へ行くと、三味線の音が聞こえる。今この岩の上の平らなところに、この盲女たちを祀った祠がある（『北安曇郡郷土誌稿』第七輯）。

盲女の霊が岩に取りついたために、天気の変わり目には彼女たちが楽しんでいた三味線の音が聞こえるという。

岩には彼女たちを祀った祠が存在しているので、ここでも岩は神体となっている。

釜の音　湯を沸かす釜でも、天気が予測された。静岡県焼津市には次のような「煎釜鳴《せんがまなり》」の伝説がある。

承久年中（一二一九〜一二二）に、駿州志太郡大住村《しだおおずみ》の百姓某が、石櫃《いしびつ》に入った釜を掘り出した。この釜には、内一文字《うちいちもんじ》の銘があった。その後永く伝えていたが、文明年中（一四六九〜八七）にこれが京都に伝わり、足利義政の一覧に供した。その時、古老の鑑定で鋳物師《いもじ》として誉れの高い内一文字貞《てい》呂《りよ》の作だとわかり天下の評判となったが、寛文年中（一六六一〜七三）に不思議なことが現れた。この釜に水を入れ火にかけると、釜の蓋が自然に鳴り、左右にはげしく廻る。釜を下ろせば蓋を吸い付け、蓋に縄を付けて引き上げても離れない。再び火にかけると蓋は造作もなく取れる。なお蓋の鳴る音で晴雨が予知され、その他にも不思議なことがあった（『新版駿河の伝説』）。

ここでは蓋の鳴る音で晴雨が予知されたという。

波などの音　釜鳴の音が天気予報に使われたことを見たが、同じように山鳴りも天気予報に利用された。続いて天気予報に用いられる音について確認しよう。その中でも、興味深いのは波の音による天気予報である。

静岡県では次の伝説を伴った天気予報がある。

①静岡県浜松市

不漁続きの時、得体の知れぬ怪物が網にかかった。怪物は決して悪戯《いたずら》をしないから海に返してくれと頼んだ。漁師たちが黙っていると、怪物は「俺をこのまま海へ入れてくれたら、天気が悪くなる前に、海辺で聞こえるように海底で太鼓をたたいて駆け回ってお知らせしよう」という。これに応じて漁師たちは怪物を海に戻してやった。それから、漁師たちは波が鳴ると、天気が悪くなるぞと戒めあった（『日本伝説大系』第七巻、みずうみ書房）。

②静岡県浜名郡北部地方

昔、海坊主が陸に上がってしまい、海へ帰りたくても日照り続きで流れずに困った。そこで一策を案出し、「私を海へやってくれるならば雨も降らせようし、雨天になる時は必ず前もって知らせてやろう」と村人に申し出た。村人は承知して彼を海に連れて行ったので、今も天気が変わる前には波が鳴る。雨がなくて困る時、海坊主の人形を作り木の枝に吊しておいて、雨があった時これを川に流す習慣があるのは、このためだという（同）。

静岡県の浜松市とその近辺では波の音が天気予測に使われるが、こうした習俗は静岡県に限らず各地に存在している。

これまで取り上げた以外の音が、気象の予知に使われることがある。そうした例を確認しておきたい。

越智秀一『天災予知集』には、次のようなことわざが取り上げられている。

◯雲の中に大音響がある時は大雪の兆（中国、四国の一部）。
◯雨の前には蝸牛《かたつむり》が鳴く。
◯蚯蚓《みみず》が鳴けば天気よくなる。

このように特殊な音、虫や動物の鳴き声などが天気の予知に使われた。普通では聞くことのない、異常な音や動物の声がこの世の未来を告げていると、つい近年にいたるまで解釈されていたわけである。

さまざまな音と予兆

伝説の世界で見られる、山鳴りや岩などが出す音は神仏が発しているのだとの理解は、中世人が塚や墓の鳴動に対して抱いていた意識と変わらなかった。そこで、ここでは予兆となる音のうち、これまで扱わなかった音について触れてみたい。

雷鳴と予兆　神が音を発して何かを知らせてくれるならば、神が鳴ることに語源があるともいわれる雷を忘れるわけにはいかない。そこで、雷に関して近い未来の出来事などにかかわることわざを、『天災予知集』から確認しておこう。

◯一つだけの大雷は大洪水の兆。

○二月雷（旧暦）は洪水の前兆。
○一つ鳴りの雷は台風の兆。
○冬雷は豆類不作の兆。
○初雷が山の上にて鳴る年は不漁なり。
○四月雷は旱天《ひでり》のもと。陰暦四月中に雷電多ければ旱天の兆なり。
○二月の雷鳴は旱天の兆。
○梅雨の初めに雷鳴があると、空梅雨《からつゆ》となる。
○冬季西方に雷鳴があると、雪起しと称して雪が降る（愛媛県喜多郡地方）。
○朝の雷鳴は大雨となる（朝雷川越すな）。
○梅雨中に雷が鳴ると梅雨上がる。

雷には天候や豊凶に関係することわざが多い。これまで見てきた災害や事件を告げる予兆としての音とやや趣を異にするとはいえ、雷が鳴った時より少し後の、人間社会の様子を知らせる点で同じである。おそらく雷はそれほど稀なものではないので、ほとんど聞くことのない山の音のように、めったに訪れない災異異常とは結びつけられにくかったのであろう。

災害と音　海から波の音とはまったく異なる大きな音が聞こえて、それが異変の前兆だったとする事例は数々ある。『天災予知集』によれば、関東大震災（大正十二年〔一九二三〕九月一日）のあった年には三、四月の頃より毎日毎夜近くで大砲を撃つような音響が聞こえ、鎌倉方面、片瀬、藤沢地方では日々数回、戸障子、ガラス戸などが破れんばかりの震動を受けたという。

これとは関係なしに津波などの予兆となる音の存在が、次のように伝えられている。「海嘯《つなみ》の来る数時間前には不気味な大音響が起こる」、「沖に大砲をうつような音響が聞こえ、大干潮となった場合には必ず大海嘯あり」。このように海で生じる大音響は災害予兆に広く利用されてきた。海からの音も他界からのメッセージとしての意味を持つと解されたからである。

ほかにも音が予兆の意味を持っていたことを示す伝承がある。江戸時代の随筆である『き丶のまに〳〵』には、大筋で以下のような内容の話題が採られている。

天明六年（一七八六）の六月初めより、空中に太鼓の響きがあるとの風説があった。うそだろう思っていると、同月十三日夜中から暁までに空に音が三、四度あった。その音は井戸側《いどがわ》（井戸の側壁を囲んで、土砂が崩れないようにしたもの。多くは円形状で木や石などで作る）をたたくようだった。その直後に水災があったが、それから後は止んだという。

水害の前に空中に太鼓のような響きがあり、水災の後に止んだというから、この音も災害の予兆だった。

静岡市の古甕《ふるかめ》も、鳴って事件を知らせた。すなわち水見色《みずみいろ》の善兵衛方には、高さ五尺（約一・五メートル）、径三尺（約九〇センチ）ばかりの甕があった。もとは二つあって五、六代も持ち伝えた。その甕は、家に災難があれば鳴り響いて知らせた。だが一個を失ってからはその響きが止んだという（『新版駿河の伝説』）。

ザシキワラシと音　音と幸福にかかわる伝説で、興味深いのが東北地方のザシキワラシがたてる音である。

①岩手県遠野《とおの》市綾織《あやおり》の字大久保

水口という農家がある。今から七十年ばかり前の正月十四日の晩は非常な吹雪だった。その夜、宮《みや》守《もり》村の日向という家から、何かしら笛太鼓で囃《はや》しながら、賑やかに出て来たが、水口の家の前まで来ると、ぴたりと物音が止んだ。世間ではそれが福の神で、その家に入ったのだといった。それから水口の家の土蔵にはクラワラシがいるようになって、家計が非常に豊かになったという（『日本伝説大系』第二巻）。

②遠野市土淵《つちぶち》の字飯豊《いいどよ》

今淵某という旧家にも、昔からザシキワラシがおるとの言い伝えがあった。座敷の床の間から二枚目の畳の上には、夜寝られる者がないともいわれていた。その分家の某という人の母親などは、時々夜中に座敷をとたとたと歩く足音を聴いたものだという。あるいはその足音が、宵から夜明けまで、ちょうど二、三人の子供らが、何か遊戯でもしておるように、入り乱れてすることなどもあった。そんな音が聞こえるうちは、この家も繁昌していたが、二十年この方その足音が、ついぞしなくなった。

それからは若い主人が死に、数々の不幸が起こって、家がすこぶる衰えた（同）。

③遠野市松崎の字海上《かいしょう》

菊池某の家にも、昔からザシキワラシがいるとの噂があり、夜など座敷で子供の歩くような小さな足音がしたが、この家がだんだん傾きかけてくると、そのザシキワラシが隣の喜七という家に移って、今ではそこにいるという（同）。

④岩手県奥州市江刺区稲瀬

及川某家の内土間には米搗《こめつ》きワラシ、ノタバリコ、座敷にはザシキワラシがいた。米搗きワラシは、夜中に石臼で米を搗き、箕《み》で塵を払う音などをさせる。ノタバリコは、やはり夜中に内土間から茶の間にかけて這《は》って歩き、ザシキワラシは座敷にいた。すべて四、五歳の子供のように見えたという（同）。

このように、家の繁栄をもたらすザシキワラシは、①で笛太鼓の囃子とともにやって来たとされ、家の中での存在は②以下のように足音や子供の遊ぶ音などによって確かめられ、この音がする家は繁栄すると信じられていた。このことは宮沢賢治の「ざしき童子《はっこ》のはなし」（『宮沢賢治全集』第八巻、ちくま文庫）にも見える。音と福の神とは密接な関係にあったのである。ザシキワラシがいなくなれば、富の象徴である音が消え、その家は衰退する。

遠野市土淵の字本宿《もとしゅく》に三之助という家があった。この家がまだ盛んなころ、村の巳代吉《みよきち》という者と他に一人の若者が奉公していた。ある夏の夜のこと、軒の下の何かの上に寝台を作って、二人で臥っていると、夜中ごろ、田んぼを隔てた向こうの山岸の方から、何やら鈴鳴りの輪の音が賑やかで、大勢の馬方《うまかた》でも来るようだった。これを聞きつけた二人が怪しんで、今ごろ途方もない方から何者だろうと話し合っていると、その音がだんだん田んぼを横ぎり本街道に出て、三之助の家の前に来た時、しばらく小休みして静かになった。そうして二、三人の声で、「この家からは何を持って行こうか」といったように、二人は思った。その後、この家は火事にあって滅び、今は跡形もなくなった（『日本伝説大系』第二巻）。

二人が聞いた鈴鳴りも、家運が衰微する前兆だったのだろう。鈴の音は三之助家に衰退をもたらした神々が出した音であった。ザシキワラシがたてる音が福の象徴であったのに対し、この音は凶兆になっていて、神が伝える音の両義性が示されている。

釜鳴は告げる　天気予報について述べた際に釜鳴《かまなり》も取り上げたが、この釜鳴を天気予報以外の予兆ということで、もう一度取り上げてみよう。ちなみに釜鳴に関係しては西山克《にしやままさる》に、「異性装と御釜」という興味深い論文がある（『日本文学』四七巻七号）。

釜鳴は記録の中に、何か事件が起きる兆としてたびたび現れる。その一端を確認しよう。

嘉保三年（一〇九六）七月十五日の午前二時頃、石清水八幡宮の竈殿《かまどどの》の御釜が鳴ったので軒廊御卜《こんろうのみうら》を行うと、神祇官《じんぎかん》は「天下疫疾兵革《えきしつへいかく》」、陰陽寮《おんみょうりょう》は「天下疫疾兵革、公家御薬」と占った（『石清水八幡宮史史料第四集』)。石清水の御供所《ごくうしょ》の釜は康治三年(一一四四)正月一日にも鳴っている(同)。ここの釜は仁安元年(一一六六)九月九日にも鳴り、同じく元久二年(一二〇五)正月七日にも鳴動した(同)。建久三年(一一九二)三月十五日に御所の釜が鳴った(壬生文書)。天永四年(一一一三)二月十四日、賀茂御祖《かもみおや》神社の大炊殿《おおいどの》の釜鳴により軒廊御卜がなされ、天治元年(一一二四)十二月十九日には日吉社の小比叡社《こひえいしゃ》北廊にある新釜が鳴ったことにより、保延三年(一一三七)七月五日には太宰府の高良社《こうらしゃ》の神宮寺《じんぐうじ》である高隆寺《こうりゅうじ》の湯屋の大釜が鳴ったことで、それぞれ同様に占いがなされた(同、『少外記重憲記』)。

釜鳴の特殊な音が、何か事件を知らせてくれるのだとの意識が、広く存在していたのである。鎌倉時代の中頃に成立したとされる有職故実《ゆうそくこじつ》の書である『拾芥抄《しゅうがいしょう》』が釜鳴について触れているので、すでに鎌倉時代の中期には、釜鳴が予兆として特別な位置を占めていたことが知られる。

釜鳴は鎌倉幕府の事績を記した『吾妻鏡《あずまかがみ》』の記載の中にも見える。嘉禄三年(一二二七)十月十二日の条によれば、午前十時頃、幕府の御所の釜殿の鼎《かなえ》が鳴った。占を行ったところ、「御病事、慎《つつし》まるべき」との結果が出た。十四日にも釜の怪があったので、御所において百怪祭《ひやっかいさい》以下を行った。二十日にも竈がまた鳴ったという。さらに十一月九日、贄殿《にえどの》の足竈《あしかまど》が鳴った。占うと「火事、御慎み有るべき」とのことであった。

将軍の御所の釜殿の鼎が鳴ったので、何を意味するのかと占いがなされ、対処するために祭りがなされたのである。

翌年の安貞二年（一二二八）六月六日午前八時頃、「御所の贄殿の竈鳴ると云々」（『吾妻鏡』）と記されている。釜鳴は幕府にとっても特別な事柄を告げているとされ、占いをもとに対応がなされ、その状況が公式に記録されたのである。

また鎌倉時代の後期に成立した編年体の史書である『百練抄《ひやくれんしょう》』の、寛元四年（一二四六）二月七日の条には、「大原野《おおはらの》祭なり、辰時《たつのとき》（午前八時頃）に同社の釜吠える、その声遥かに聞こえると云々」とあり、やはり釜鳴が特別な意味を持つ音として記されている。

貞治三年（一三六四）七月八日、石清水八幡宮の神殿の釜が三度鳴った（『石清水八幡宮史史料第四集』）。応永十八年（一四一一）四月二日には同所八島殿《やしまでん》の釜が鳴動した（同）。

こうした釜鳴は特別な事件であったが、定例に釜鳴で占いを行うので有名なのが岡山市の吉備津《きびつ》神社である。しかし、それは決して特別な事例ではなくて、全国的に深く一般民衆の日常生活に根ざしていた。天保元年（一八三〇）に喜多村信節《きたむらのぶよ》が著した『嬉遊笑覧《きゆうしようらん》』は、次のような内容を記している。

釜が鳴ることを『拾芥抄』は釜鳴の怪と記している。子日《ねのひ》より亥日《いのひ》まで、その鳴る日によって兆の内容が変わる。吉は少なくて大かたは凶事である。『狂言咄《きようげんばなし》』の鍛冶《かじ》国員《くにかず》は小刀を打って名を得た。彼が十二月の末に餅を搗こうとして餅米を蒸していると、にわかに釜鳴が始まったので、国員は「我釜の声をはかりになることははがねを人にしらせんとなり」と詠んだ。これより世に名高くなったという。商人の間にも釜が鳴ってから家が栄えるようなことがあったのであろうか、往々釜鳴屋という屋号があるが、本来は良くない兆ではないだろうか。鳴る時には、婦人の褌《ふんどし》のいまだ肌にふれていないもので上を覆えば、鳴り止むという。

これと似た説明は、小山田与清《おやまだともきよ》（一七八三〜一八四七）の『松屋筆記』にも見られる。釜の音は事件を告げるとも理解された。たとえば神奈川県相模原市では、釜が唸《うな》るとその唸り方によって吉凶を占っていた（鈴木重光編『相州内郷村話』）。これとつながるように、釜鳴と富貴とを結びつける伝説もある。それが、岩手県奥州市江刺区の「釜の歌を止めて長者となったという話」で、その内容は以下のようである。

井手村に釜屋という家がある。もとこの家は貧しかったが、ある時にわかに炉《ろ》にかけてある釜が歌を歌い出した。その家の老婆が走っていって、その釜に腰巻きを取ってかぶせると、釜は歌を止めた。それからこの家は豊かになっていった。釜の歌は歌い切らせると悪いので、釜が歌い出したなら、早く女の湯巻きをそれにかぶせるものだという。そうすれば歌は止まる。その歌の続きが長ければ長いほど、後に鳴らずに残った分の富貴はその家にとどまるものだとされる（佐々木喜善『江刺郡昔話』、郷土研究社）。

腰巻きで釜の音を止めることは、『嬉遊笑覧』の内容とつながる。民話として広く知られる文福茶《ぶんぶくちゃ》釜《がま》（ぶんぶくとは茶の湧く擬音語）が福をもたらしたように、歌い出す釜を制御できれば、制御した者の家は富貴になるのである。ここでも、音と人の運命とがつながって意識されている。多くの場合、山の音は変災を告げるのに、山梨県大月市の吹切峰から太鼓の音がすれば豊かになるとか、同じく滝子山の上で笛や太鼓の音が盛んであれば豊かになるとされたのと同じように、音の両義性を示している。

死の予兆となる音　短期的な音による予兆の一つに耳鳴りがあり、各地で俗信が伝えられている。その内容の一つが死者に関わるものである。

新潟県小千谷《おぢや》市朝日では「耳なりがすると、同じ年の者が死ぬ」（『新潟県史』資料編二四）といい、和歌山県の有田《ありだ》市でも「耳が鳴る時には同年配の者が死ぬ」（笠松彬雄『紀州有田民俗誌』、郷土研究社）とされる。また埼玉県秩父市三峰《みつみね》では「右の耳が耳鳴りすると直に何か良い知らせを聞くが、左の耳鳴りは良くないことを聞く」（『新編埼玉県史』別編二）という。

沖縄では、人の死ぬ時には棺桶を作る音や、鐃鈸《にょうばち》の音が聞こえたりする前兆があるといい、これをチゴトと呼んでいる（中山太郎編『補遺日本民俗学辞典』、梧桐書院）。

山梨県富士吉田市小明見《こあすみ》吉原では、鳥の鳴き方がふだんと違うと人が死ぬとか、死者の埋まるところへ行って鳴くとかいう。また身内の者が死ぬときには、ドーンと屋根棟を突き破るような音がするともいう（『吉原の民俗』、富士吉田市）。

さらに鶴見大学教授で鎌倉浄光明寺住職の大三輪《おおみわ》龍彦《たつひこ》によれば、天井で音がすれば男、台所の水瓶《みずがめ》の水がざわざわする音がすれば女の死者が出たと翌日に必ず連絡があることは、まだ台所に水瓶がおかれていた頃の記憶を持つ年輩の僧侶にとって、常識ともいえるようなことであったという。

死者が出る前に天井で音がするとの話は、富士吉田市における死の予兆ともつながり、水瓶の音は予兆の音を出す静岡市の古甕に結びつく。実際、私もこうした話を各地で耳にしており、広がりを持ちそうである。

山での神の音　音を出す山は神や祖霊の宿る特別な場と理解されてきたことが確実である。それを示すように、音を出す山そのものが神社の旧地であったり、神体となっていた。そこで、音のする山そのものが神体とされていた例を、もう少し確認したい。

①長野県南佐久郡北相木《きたあいき》村の「大神楽山《おおかぐらさん》」

昔、この山の麓に数人の木こりが入って木を切っていたら、ある日、山の頂で鉦《かね》や太鼓のすさまじい音がした。人のいない山だったから、驚いて相談しあった後、神社を建てて祀ったが、それからは物音が聞こえなくなった。この山に雨乞いをすれば、かならず雨が降るといわれている（『信州の伝説』）。

山の頂で聞こえた鉦や太鼓の音を神の音だとして神社が建てられてからは、音が聞こえなくなった。人々が神社を建立しなければならなかったのは、山の頂でしたすさまじい音が、神の象徴、もしくは何か良くないことを意味しているとの共通理解があったからで、悪い知らせに対応し、神を鎮めようとしたのである。山の名前からしても神楽は神を祀り、慰撫《いぶ》するために行われたもので、神はなだめられて雨乞いに応じたのだろう。この内容は、先に見た山梨県の滝子山で、年占に使われる音楽が聞こえ、しかもそこが雨乞いの場所だという伝説（本書一四七頁）にも関連する。

②茨城県の筑波山

天地開闢《かいびゃく》のはじめ、天照大神《あまてらすおおみかみ》が常陸国《ひたちのくに》筑波山の上に、天降りして、琴を弾じた。すると東の海の波がその音に感じて、山の麓まで押しよせて来た。その波が、地面の凹んだところに残ったのが後の霞ケ浦である。波のつく山という意味で、筑波山という名はできたという（高木敏雄『日本伝説集』、郷土研究社）。

筑波山という地は天照大神が天上から下りてきて琴を弾いた場所だというのだが、高い山の上に神が下ってくる、それに神は音楽とともにあるとの理解が加わり、天に近い山、神の住む山では音楽、音が聞こえるのが当然だとされた。その代表が富士山で、平安時代には富士山頂で音楽が聞こえると中国にまで知られていた（笹本正治『中世の音・近世の音』）。伝説の中で音が聞こえる山を神聖なものとするのは、この認識を前提にしていよう。むしろ幻想の音楽が聞こえるような場所こそ、宗教的な場になりえたのである。

③静岡県静岡市清水区の天上の音楽

中河内《なかごうち》区にある「先祖の森」の伝説である。ここは周囲が一丈（約三メートル）もある椎《しい》の木が二、三株あり、雑木が生い茂った森で、小丘になっていて、頂上に数十基の石碑がある。今は樹木が伐採され禿山《はげやま》だが、樹木が鬱蒼《うっそう》としていた頃は、春の静かな夜とか秋の真夜中には、森の上で笛や太鼓や琴やひちりきの音が幽かに聞かれ、我を忘れさせることがあったという（『新版駿河の伝説』）。

木が伐られる以前は、先祖の森で音楽が聞こえたという内容と森の名前からして、音楽を楽しんでいたのは先祖の霊であろう。音を奏ずるのが祖霊だとすると、これまで見てきた音を出す山が、先祖や神につながることも納得できる。だからこそ音楽が聞こえる場所は、神や祖霊のいる場所として信仰の対象にもなったのである。

ちなみに先祖の森というと、薩摩半島の血縁的な家の集団である門《かど》の森の神にあたるモイドン（小野重朗「モイドン概説」『民衆宗教史叢書二六　祖霊信仰』）、若狭の先祖祭祀にかかわるとされる神聖な杜であるニソの杜（金田久璋「同族神の試論的考察」、同）、沖縄の御嶽《うたき》などがすぐ頭に浮かぶ。森や山に祖霊が宿るとの信仰は、全国的に分布するのである。一般の氏神でも神社と森がセットになっていることが多い。

多くの人が信じた極楽往生の際に、紫雲がたなびき、すばらしい香りが立ちこめることなどとならんで、必ず微妙の音楽がするとされている。これらの要素が、死者がこれまで住んでいたこの世と、極楽往生して行くあの世の、二つの世界を結びつけることができるのである。

第六章　鶏の声の意味するもの

第五章で触れたように、京と近江の境に当たる逢坂山《おうさかやま》の奥にある鶏石《とりいし》では、世の中が乱れようとする時、石の中から鶏《にわとり》の声が聞こえるという。

私たちのまわりには猫や犬といったペット、鶏や牛馬といった家畜をはじめとして多くの動物がいる。このためにさまざまなものに動物の名前が付せられる。石についても動物の名前を冠したものも多く、柳田國男監修の『日本伝説名彙《めいい》』には狼石の伝説が一、獅子石（岩）の伝説が九、猫石の伝説が三、牛石の伝説が一五、犬石（岩）の伝説が九、山犬石の伝説が一、猿石（岩）の伝説が二、虎石の伝説が四、それぞれ採られている。それに対して鶏石は八で、ほかの動物と比較して多いわけではない。

それなのになぜ変異を告げる動物として、ほかならぬ鶏が出てこなければならないのだろうか。本章においては伝説の中などで鶏が果たした意味などを検討していきたい。

落城と鶏

長野県上水内《かみみのち》郡飯綱町の「宇鳴石《うなりいし》」伝説の石は、芋川城が攻められた時に唸《うな》ったという。これまで見てきた事件の前に鳴る石があることからして、鳴動は落城を知らせるため祖先が連絡を取ってきたとも考えられる。もしそうだとすると、この石の鳴動は青森県の牛鼻山《うしはなやま》や山梨県の御番城山《ばんばんしろやま》の伝説と結びついてくる。

城が攻められた時や落城に際してなぜ鶏が鳴かねばならなかったのかを、まず問題にする必要がある。落城するのは多くの場合、山城であって近世の城と違い、いつも人がいたとは限らず、鶏が飼育されていたとはとうてい考えがたい。したがって、この鶏は何らかの象徴となっていた可能性が高い。

城と鶏　落城に関係して興味深い話が、ルイス・フロイスの『日本史』の記載の中に見られる。永禄六年（一五六三）にキリスト教に入信した直後、大村純忠《すみただ》が摩利支天《まりしてん》の像を焼いたことについて、次のように記す。

ドン・バルトロメウ（大村純忠）が戦場に向かって出発した時、たまたま彼らの軍神である摩利支天と称する偶像のかたわらを通った。彼らはそのかたわらを通る時には、身を屈してこれに敬意を表し、馬上の異教徒は崇敬のしるしに馬から下りる。その偶像には頭上に雄鶏がついていた。殿は騎馬隊を率いてそこに来ると、家臣を控えさせ、乗馬を進め、その偶像を取り除いて焼却せよと命じた。そうして、寺全体が焼かれた。彼は偶像についていた雄鶏を持ってこさせ、刀で一撃を加え、その時に「おお、お前はこれまで幾度予をだましたことか」といった。

外山幹夫《とやまみきお》は、ここに見える摩利支天を長崎県大村市中岳郷《なかたけごう》の鳥甲城《とりかぶと》（鶏冠城）にあったものとする（『日本城郭大系』第一七巻）。摩利支天はみずからの姿を隠し、災難を除いて利益を施す天部である。三面八臂《はっぴ》で猪の背の三日月文様の上に立つ形像がよく知られている。日本においては軍神として中世に受容され、特に忿怒《ふんぬ》形の摩利支天が武士の守護神として信仰された。

したがって、軍神としての摩利支天信仰と雄鶏とが結びついて、城と鶏の関わる伝説ができた可能性は高い。

城を救う鶏石　熊本県宇城市松橋町《うきしまつばせ》の豊田城には、城跡の中心地に「金の鶏」が埋蔵されているとの伝承がある（『日本城郭大系』第一八巻）。城の中に金鶏《きんけい》が埋められていたというのは、先に見た摩利支天信仰にも関係するのであろう。

落城を伝えて鳴動する石の伝説の中には、鶏が鳴いたとするものがあったが、そのような伝説をさらに紹介しよう。

福島県の旧安達郡嶽下村《だけした》成田（現二本松市）の「鶏石」は伊達政宗が二本松城を攻める時、この石が鳴動したので、暁と思って兵を引き揚げたため、鶏鳴石《けいめい》と呼ぶようになったとの伝説がある（『日本伝説名彙』)。この伝説は前述の長野県の宇鳴石伝説とよく似ている。具体的状況はわからないが、名称や説明からして、石が鶏の声を出して鳴いて、攻撃された側を救ったのであろう。

鶏の役割は、序章にあげた長野県上田市塩田《しおだ》地区に伝わる「吉沢城を救った話」によって、より明確になる。この伝説では、鶏岩の西にそびえる山の上の城が武田信玄に攻められ落城寸前になった時、鶏岩がコケコッコーと鳴いたために敵が退却し、助かったというので、鶏石は山の城とセットになって意識され、いわば城を守護する役割を担っていた。伝説の類似性からして、おそらく福島県の鶏石も同様の役割を負っていて、同じような鳴き声を出したと思われる。

内容ははっきりしないが、同様な伝説が他にもある。

栃木県芳賀《はが》郡茂木《もてぎ》町内に当たる旧逆川《さかがわ》村の「鶏石」は、鶏足山《けいそくさん》の上にあり、笠間(茨城県笠間市)の城が落ちる時、この石が鬨《とき》の声をつくったという(『日本伝説名彙』)。鶏石は長野県の吉沢城の鶏岩同様、コケコッコーと鳴いたのであろう。

中世人にとって落城などの際、鳴く鶏の意味を象徴的に示すと考えられるのが、岩手県西磐井《にしいわい》郡平泉町の高館《たかだて》の西南にある金鶏山の伝説である。『平泉志』によれば、この山は藤原秀衡《ふじわらのひでひら》がその象《かたち》を富士山に擬し、高さ数十丈に築き、黄金で雌雄《しゆう》の鶏を作り、この上に埋めて平泉の鎮護となしたという。

平泉の例ではっきりわかるように、落城の前に鳴いた鶏石や鳴石は、本来居館や城などを守る役割を負っていると理解されていたのである。

金鶏と落城　落城に際して鶏が鳴いたという直接的なものでなければ、落城と鶏とを結びつける伝説はたくさんある。

①長野県下伊那郡松川町の「井戸で鳴く鶏」

宇古町《ふるまち》の南端、天竜川に臨んだ高台が、昔の大島城の跡で、大蛇がいたというので俗に大蛇ケ城とも称している。その城跡に残っている古井戸の中から、鶏の鳴き声が聞こえるという。昔この城が織田信長の軍勢に取り囲まれ、城の櫓《やぐら》へ火をかけられて燃え上がった。落城の間際、城の美しいお姫様が、大切な金の鶏を抱えて渦巻く煙の中を逃れ出たが、敵の雑兵《ぞうひょう》に追いつめられて、とうとうこの井戸の中へ身を投げて死んだ。城が落ちてからもう長い年月が経ったが、月の初めの朝、この古井戸の中から微かに鶏の鳴く声が聞こえて来る。三声ずつ鳴く声の主は、昔お姫様に抱かれて井戸へ沈んだ金の鶏で、今では元日の朝鳴くという（岩崎清美『伊那の伝説』）。

伝説の主体となっている城は、戦国大名の武田氏による信濃の伊那地方支配の中核となった大島城である。その落城（天正十年・一五八二）の際、井戸に姫と一緒に身を沈めた金の鶏が、元日の朝に鳴くとされる。

②長野県下伊那郡阿智《あち》村の「鶏淵《とりふち》」伝説

この淵は、下清内路から上清内路へ上って行く道の左方、清内路川が大きな滝になって落ち、底も知れない淵になって渦巻いている。昔、この上手に城があって、戦争に負けて滅びる時、殿様は秘蔵の金の鶏を敵の手に渡すまいとして、この淵の中へ投げ込んだ。戦が終わって川の水はもとのままに、深くたたえて流れたが、その時から後、水の底に鶏の鳴き声が聞こえるようになった。人々は殿様の投げ込んだ金の鶏が鳴くのだと理解した。またこの淵は、水底が竜宮まで続いていて、昔は膳や椀を頼めば貸してくれたともいう（『伊那の伝説』）。

落城を契機に鶏の鳴き声が聞こえるようになったと伝えられ、ここでも落城と鶏の鳴き声がセットになっている。

③岐阜県山県《やまがた》市の「金のにわとり」伝説

大桑《おおが》に昔、城があったという高い山がある。大桑では元日になると、朝早くに城山で金の鶏が三度だけ鳴くので、それを聞くためどの家も朝早く起きるならわしがある。これを聞くと長生きをすると言い伝えられているからである。今から四百年ほど前、土岐頼芸《ときよりなり》が大桑の城に住んで美濃を治めていた。土岐氏は大変古い家であったが、頼芸が家督を継いだ頃には親子・兄弟の争いのために力が弱くなっていた。この頃、土岐氏の第一の家来に斎藤道三《さいとうどうさん》がいた。彼は岐阜の金華山《きんかざん》城（岐阜城）に住んで力を蓄え、ある年とうとう大桑城を攻めた。敗れた頼芸は甲斐国《かいのくに》に逃げたが、土岐氏の家宝として代々伝えられてきた金の鶏は、城を出る時に井戸の中に隠した。それ以来、毎年元日の朝になると、城山で鶏が三度だけ鳴くようになった。ある年の元日、この鶏の声を本当に聞いた者があったが、その人は大変長生きしたという（後藤時男『わたしたちの岐阜県の伝説』、大衆書房）。

④同所の別内容の伝説

岐阜県山県郡高富町大桑城砦の下にある泉に城の宝物の金鶏《きんけい》が埋まっている。天文元年（一五三二）、長良《ながら》の長福寺から移ってきた土岐頼芸が斎藤秀竜《ひでたつ》（道三）に攻められて岐礼《きれ》に落ち延びた時、奥方が家に伝わった重宝の黄金でできた鶏を抱いてこの泉に身を投じた。以来、その水底から毎年元旦に鶏鳴が三度聞こえるが、聞いた者は、家が繁昌し、長者になれるばかりか長寿になるといい、村人は徹夜で鶏鳴を待つ。しかし、裏切って秀竜に間道《かんどう》を教え、城に火を放たせた青波《あおなみ》の餅屋一族には、昔から一声も聞こえないという（山中耕作「金鶏山」『日本伝奇伝説大事典』）。

戦国時代まで美濃の土岐氏が金鶏を持ち伝えていたが、城が落ちた際に井戸の中に隠した。それ以来、毎年元日の朝にその金鶏が鳴くようになり、それを聞いた者は幸せになったという。金鶏が投げこまれたのが井戸の中で、以来元旦に鳴き声が聞こえる点は、長野県下伊那郡松川町の大島城と同様で、内容もよく似ている。

⑤愛知県瀬戸市一色山城《いっしきやまじろ》の伝説

この城は別名を水野城ともいう。この城に敵が攻め込んで来て、もはや勝ち目が全くなくなった時、姫は自らの死を覚悟した。戦の中にある両親に別れの挨拶をすると城外に出てわが身を井戸に投じた。その時彼女はわが家にあって父が最も大切にしていた鶏、金製のチャボの置き物を抱いて井戸に沈んだという（露木寛『築城伝説』、新人物往来社）。

⑥宮城県加美《かみ》郡加美町夕日館《ゆうひだて》の伝説

館跡には、中央に深さ丈余（三メートルあまり）の穴がある。この館主石川長門は伊達政宗に攻め滅ぼされたが、落城の時に家の宝物をことごとくこの穴に投じ、また自分も割腹して同じく穴の中に投じて死んだ。その宝物の中に黄金の鶏と牛とがあった。鶏はその後毎年元旦未明には三声鳴くという（中山太郎編『日本民俗学辞典』）。

このように、落城と金鶏をつなぐ伝説は各地に存在している。山や岩の鳴動は聞く人の未来に幸せをもたらす場合もあったが、幸運の音の代表として金鶏の鳴き声があったのである。いずれにしろ一部の音は神の象徴として、聞く者に幸せをもたらす契機となった。

その他の動物と落城　落城に際して鳴くのは金鶏のみではない。青森県の南部氏代々の居城のあった牛鼻山は、事あるごとに牛が吠えるように鳴動したというが、この事件には落城も含まれる。牛が落城に際して鳴く伝説も伝わるのである。牛も含めてそうした伝説を確認しよう。

①長野県東筑摩《ひがしちくま》郡生坂《いくさか》村の往生《おうじょう》山

武田信玄の直属の家来が築いた城が、天文十六年（一五四七）に上杉謙信に攻められて落ちる時に、城中から一頭の赤牛が飛び出してきて、城に近い大沢池に入り、大蛇となったとの伝説がある（『補遺日本民俗学辞典』）。

青森県の牛鼻山の伝説では、山が牛のように吠えたというので、この牛は城を守る象徴であり、築城者の霊とつながっていたのであろう。

②福島県東白川郡古殿《ふるどの》町の竹貫《たけぬき》城（駒ケ城）

城山の東の隅に、ボナリ石という大きな石がある。この石は昔、落城した時に唸ったのでこのように呼ばれた。ボナリというのは、吠える、鳴るの意味である（『補遺日本民俗学辞典』）。

この場合に牛とは限らないが、何かが落城の際に吠えたとの理解があったことは重要である。

③山梨県北杜市須玉《すたま》町江草《えぐさ》の獅子《しし》吼《く》城

『甲斐国志《かいこくし》』はおおよそ次のように説明している。

武田系図よると、安芸守信満《あきのかみのぶみつ》の三男に江草兵庫助信泰《えぐさひようごのすけのぶやす》という人物がいた。彼は江草村を本拠地にした、応永年中（一三九四〜一四二八）の人物で、見性寺《けんしようじ》に位牌が置かれている。彼が住んだ城跡は塩川の東の崖の上にある。その場所は険阻な独立峰で、麓を堀と呼んでいる。村人の話によれば、昔山の上に怪物がいて、城が陥落した時に獅子のように吼《ほ》え、飛んで塩川の深い淵に没した。このために獅子吼城の名がある。この由緒から、後世には獅子舞が里の中に入ることが禁じられ、獅子頭は児童の遊び道具にもしない。もしこの禁を犯す時には、必ず疾風暴雨になるという。

獅子吼城の城主は江草氏の祖の江草信泰で、独立峰に築いた城が落ちた時に怪獣が獅子のような声を出して塩川の淵に沈んだという。したがって、この怪獣と城とは一体化しており、怪獣は城を守る霊獣として理解されていたといえる。これまで見てきたような怪音に関わる意識からすると、この怪獣は江草信泰の霊だったかも知れない。ともかくこの時怪獣が出した声は、低音ですごみのある声だったのだろう。

④福井市一乗谷の獅子石《ししいし》

浄教寺《じょうきょうじ》にあり、昔は大きな口をあけたような形をしていたので、「あんぐり岩」とも呼んだ。この石は朝倉氏の敗戦を聞いて泣いたため、下顎《したあご》が落ちて付近は紅《くれない》に染められたという。また敗戦の夜、朝倉義景の夢に現れて金を乞い、得た金は黄金千枚、朱千杯、漆千杯に換えて、「白木宿目《しらきやどめ》」の下に埋めたともいう（『日本伝説名彙』）。

この伝説の獅子は明らかに朝倉氏の側に立って、落城に関わっていた。しかも夢とはいいながら、獅子が黄金を埋める伝説とつながっており、金の鶏を埋めたとの伝説に重なってくる。

いずれにしろ、怪獣が城を守る役割を持つものであったのなら、この伝説のように落城とともに鳴いたのか、それとも落城前に鳴いたのかが気になる。城を守る怪獣ならば、城が落ちる前に鳴かなくては意味がないからである。福島県の鶏石や長野県の吉沢城を救った話、青森県の牛鼻山などからすると、本来鳴いたのは落城の前だったのではないだろうか。それが次第に落城後に守備側が嘆く声へと変わり、さらに落城させた側の勝利の鬨の声へと、音の伝承内容が変わっていった可能性がある。

変災と鶏　落城と鶏が何らかの関連を持っていることについて、これまで述べてきた。落城が城主にとって大きな災いであることは疑いない。そこで次に落城にとらわれることなく、鶏が鳴く伝説でその他の例はないか調べてみよう。

岩に関係する鶏、あるいは金鶏が鳴くと変災が起きるとの伝承は各地にある。その例の一つ、長野県伊那市の「鶏岩」は、伊那市手良野口《てらのぐち》の入口にあった。特別な名もなかったが、昔この岩のあたりへときどき金色の鶏が現れて鳴いた。鳴く時は、世の中に変わったことが起こった際であり、金鶏の声を耳にした人は金持ちになったという（浅川欽一編『信州の伝説』）。

直接岩が鳴るわけではないが、岩のあたりに金鶏が出て鳴き、その時には世の中に変わったことが起きたという。金鶏岩という名前からして、金鶏と岩とは関連があると意識されていた。

将軍塚を中心に、事件が起きる前に塚が鳴動する伝説が多いことは第三章で見たが、塚の中に置かれたのは死者や人形だけではない。塚に埋められた金鶏が鳴くとの伝説も広く分布しており、その中には国家全体に関わる予兆になるものもある。

奈良県山辺郡山添村《やまぞえ》の「金塚《かなづか》」は、神野山《こうのさん》にある。この山上にコガネ塚があり、黄金の鶏が埋めてあって元日に三声鳴き、また国に変事がある前にも鳴くといい、日清、日露の両戦争の前にも鳴いたという（『日本伝説名彙』）。

この伝説では、国に変事がある時に金鶏が鳴いた点が注目されるが、これは前述の長野県伊那市の「鶏岩」伝説とよく似ている。ちなみにこの場合の金塚は、最初から金鶏を埋めるために造られた塚のはずであるが、実際には人を埋葬した古墳が、伝説の中で金鶏の方に主体が置かれるようになった可能性が高い。

金鶏ではないが、戦国時代にできた堤防として名高い山梨県甲斐市竜王《りゅうおう》の信玄堤《しんげんづつみ》の「一の出し」について、『裏見寒話《うらみかんわ》』に、次の内容の伝説が採られている。

武田信玄が神に祈って十六の石を据え、もしここが出水で破れるようなことがあれば地中の鶏を鳴かせてほしいと、生きながら鶏をこの水底に沈めた。さらに、一、二、三という社権現《やしろごんげん》を勧請《かんじょう》した。今なお東郡《ひがしごおり》の一、二、三の宮はここまで御幸《みゆき》をして、川除《かわよ》けの神事をする。一の出しが破れれば、郡中一帯に水が溢《あふ》れるという。

この伝説は現代でも、「信玄は堤防の一番南の外れに、生きたチャボを埋めた。すると、大水で堤防が切れそうになると、いつもそのチャボが鳴いて、大水を知らせてくれたという。人々はチャボを埋めた上に石の祠《ほこら》を祀り、チャボ石とよんだ。竜王町では毎年四月十五日に、御幸祭りが行われているが、この祭りは堤防の上を練り歩く祭りである」（山梨国語研究会編『山梨の伝説』、日本標準）として生きている。チャボはチャボ石に象徴され、これまで見てきた災害を事前に知らせる石の音につながっている。

水害は当然、一村二村規模の被害ではなく、甲斐国内の広域にわたって大きな爪痕を残す。チャボの声が広い範囲の災害の前触れになるのである。ともかく、この伝説では埋められた鶏が災害を伝えてくれると意識されており、武田信玄がチャボを埋めたとの伝承からすると、鶏の声による予兆は中世までさかのぼるのではないだろうか。

幸福と災いと

長野県伊那市手良野口の金鶏伝説は、その声を聞いた者は金持ちになるとのことであった。これまで鶏の声を落城などの事件に重きを置いて探ってきたが、声を聞いた者が金持ちになるというのは、聞いた者だけの私的な事件といえよう。

塚の金鶏が鳴く　鶏の鳴き声のもたらす結末をなお見ておこう。

①奈良県の「小倉山の石棺」

春日神社（桃俣《ももまた》神社）の向かいの山をオグラ山といい、そこに石棺があって金の鶏が納められているという。元旦にこの鶏の鳴く声を聞けばその人は死ぬといい、「桃の俣へははいるが大事、石のからとに錠がおりる」という里謡《りよう》がある（『奈良県史』第一三巻）。

神社の向かいの山が伝説の舞台で、金鶏が石棺に入れられていたとの伝承は、山や石と金鶏が結びつけられていたことを示す。また棺は死者をイメージさせるので、これまで見てきた鳴動する先祖の墓や将軍塚などの伝説とつながってくる。

②和歌山県紀の川市の「鶏石」

丹生《にう》大明神の社殿近くに鶏石がある。昔、蒙古が襲来してきた時、大明神は鶏に乗って神風を起こして戦った。その鶏が石と化したとされ、毎年正月三日にはこの鶏が一声鳴いて石段を上るので、その声を聞く者は長生きするという（高木敏雄『日本伝説集』）。

戦勝をもたらした神の乗り物としての鶏が、そのまま石になり、正月に鳴き声をあげ、それを聞いた者は幸せになるとされる。正月に鶏の鳴き声を聞くと幸せになるとの内容は、山梨県の吹切峰《ふききりみね》や滝子山《ごやま》の年占《としうら》の音ともつながる。

幸運の金鶏　和歌山の伝説の主人公は普通の鶏と思われるが、各地に伝わる幸福につながる音の主には金鶏が多い。

①富山県氷見《ひみ》市床鍋《とこなべ》

臼ケ峰《うすがみね》の近くに善性塚《ぜんしょうづか》という丘がある。ここには村人の話では、鎧《よろい》、刀、財宝が埋めてあるという。毎年元日の朝早く、この塚の上に金の鶏が現れて三声鳴く、村人がこの声を聞くと、その年に果報があるとされる。ところが能登からきた人が、その財宝を盗もうとして塚を掘ったので、それから金の鶏の声は聞かれないという（『日本伝説大系』第六巻）。

②富山県南砺《なんと》市川西

桑山の北麓の小高い松林に金鶏塚がある。毎年元日の朝、鶏が鳴くといい、この声を聞くと金持ちになるといった（同）。

③富山県南砺市南山見《みなみやまみ》

八乙女山《やおとめやま》に岩穴があって、村人は風穴と呼んでいる所から一〇〇メートルほどの所の塚を鶏塚と呼ぶ。ここに黄金の鶏がいて、元日の暁を告げる八声を聞いた者は幸せになるという（同）。なお、この伝説はすでに江戸時代に書かれた『越之下草《こしのしもぐさ》』一に見えている。

④富山県高岡市太田

紅葉橋の橋の袂《たもと》で、毎年十二月晦日《みそか》の晩に鶏の鳴き声が聞こえ、それを聞くと幸運がくるといった（同）。この伝説については、すでに柳田國男が『増補山東民譚集《さんとうみんたんしゅう》』の中の「黄金の鶏」で、鳥取県岩美《いわみ》郡中ノ郷の鶏山などと共に取り上げている（『柳田國男全集』第二巻）。

これらの伝説では、晦日もしくは元旦に鶏の声が聞こえ、声を聞いた者は幸福になると、音がその年の幸福を占う手段になっている。そして三つの伝説が、塚の中から鶏の声が聞こえたとしている点が注目される。

幸運をもたらす金鶏の伝説は各地にある。

⑤大阪府堺市三国丘《みくにがおか》町

神功《じんぐう》皇后が堺の浦へ上陸し、三国ケ丘で方違《かたたがえ》をした時、皇后は日頃肌身離さず持っていた黄金の小さな鶏を丘に埋め、「汝《なんじ》はここで永久に民人に暁を告げよ」と述べた。それ以来、毎朝、鶏の声が響き渡るようになり、村人たちはこの鶏の声で目を覚ました。方違《かたたがい》神社は南方にある鈴山がそれであるという。それからこの金鶏の声を聞くと、幸福が来るといわれ、節分の夜などこの鈴山の下で一夜を明かす人が多い（『日本伝説大系』第九巻）。

時を伝える鶏なのでいつもその鳴き声が聞こえていたはずなのに、幸福が来るとして、これを聞くため一夜を明かす人が多い。金鶏が埋められた場所が鈴山と、楽器を名にした山であることは、山の音の信仰がベースにあって、この伝説が生じたことを示すであろう。山梨県の年占《としうら》の音のような伝説が前提になって、金鶏伝説がその上にかぶさってきたのではないだろうか。

⑥岡山県美作《みまさか》市竹田茅尾《かやお》

景清《かげきよ》屋敷というところがあり、そこに金の鶏が埋めてあって、除夜に鳴き、声を聞いた者は長者になるという（『日本伝説大系』第一〇巻）。

⑦岡山県岡山市南区

奥迫川《おくはざかわ》と宗津《そうづ》の境のさぎのおの峰に金の鶏が鳴き、声を聞いた者は長者になると伝えている（同）。

⑧岡山県真庭市

「七屋敷」という場所に小祠があり、節分の夜村人が年籠りをしていたら、黄金の鶏が現れて「うるし千杯、朱が千杯、かねはやしゃらの千万貫《がん》、縄三ぼんのうちにあり、三葉《みつば》うつぎの下にあり」と鳴き、それを聞いた者は分限者になったという（同）。

⑨岡山県浅口《あさくち》市鴨方町《かもがたちょう》四条原《しじょうら》

奥の原に「寺とこ」という場所があり、正月元日の朝、金の鶏が飛んできて鳴くので、声を聞いた者は長者になると伝えている。似たような伝説が、同じ岡山県笠岡市や広島県安芸高田市美土里《みどり》町篠原《しのはら》にもある（同）。

⑩香川県三豊《みとみ》市財田《さいた》町の金鶏山

中蓮寺《ちゆうれんじ》の峰に金の鶏が住んでいて、ときどき早朝にその鳴き声を聞いたとされる。この鶏の声を聞いた者は、その年は幸福がめぐって来るといわれた。金の鶏の鳴き声を聞こうと里人は競って早起きをするようになり、自然と早起きの良い習慣が生まれたという（『日本伝説大系』第一二巻）。

このような伝説は、岐阜県、京都府、兵庫県、島根県、鳥取県、愛媛県などに広く分布している。金鶏の声を聞くのは除夜、元旦、節分といった日に限られるので、本来は年占の性格が強かったと判断される。

凶事の金鶏　金鶏の声を聞くことが必ずしも幸福をもたらすとは限らない。

①岡山県総社市西郡

福山の頂上にある「朝日照る夕日かがやく柊《ひいらぎ》」の根もとに金の鶏が埋めてあり、元日の未明にその鶏が三声鳴くと言い伝えられている。兄の太郎と弟の次郎が二人で幸福になろうとして、競争で鶏の声を聞きに行った。二人とも同じ場所で同じ時刻に聞いたのに、太郎は一声に、次郎は二声に聞こえた。一声に聞いた太郎は魔がさして正月に死んでしまい、二声聞いた次郎は病気で死んだ。結局三声聞かなければ幸福になれないということになり、誰もが恐ろしがって聞きに行かなくなった（『日本伝説大系』第一〇巻）。

似たような伝説が、同じ村の中にあるが（同）、ここでは元旦に金鶏が鳴き、三声聞かないと不幸になるという条件がつけられている。

②岡山県勝田郡和ケ山《わがやま》の比丘尼《びくに》堂

ここに尼寺が存在して、美しい尼が金の鶏を飼って楽しんでいた。ある年の大晦日、尼が金鶏を抱いたまま死んだので、村人が同じ所に葬った。それから大晦日になると、一声その金鶏の鳴き声が聞こえ、その声を聞いた者は直ちに死ぬと伝えられている（同）。

③岡山県備前市吉永町和意谷樫《わいだにかし》

ほうのき谷で大晦日に金の鶏が鳴くけれども、その声を聞くと死ぬといわれる。また岡山市西坂では、半田山に「七つ塚」と呼ばれる塚があり、大晦日の晩に、どれかの塚で金の鶏が鳴くのを聞いた者は、三日のうちに死ぬという（同）。

④愛媛県宇和島市 祝森《いわいのもり》

祝森の薬師谷の上手にある権現山の中腹に埋められている金鶏が鳴くと凶事が起こるとされ、薬師谷祝森では鶏を飼わないという（『日本伝説大系』第一三巻）。

このような伝説も各地にある。いずれにしろ金鶏の声は幸福、もしくは凶事を伝える特殊な信号で、金鶏は山や塚、石の下などに埋められている。

天候と金鶏

第五章で見た石や岩などの場合には、比較的短期間の未来として天気の予報につながる音があった。金鶏伝説ではそうしたものはないのであろうか。

鶏と天気　長野県北安曇郡白馬村《きたあずみぐんはくば》の「金鶏」伝説は、次のような内容である。北城《ほくじょう》の中込に付近の山地とやや異なった孤立した円錐形の山がある。この山は城《じょう》の山と呼ばれ、大昔「いるか」という名前の者が住んだ。この山には金の鶏が埋められていて、天気の変わり目にどこからともなくその鳴き声が聞こえて来るという（『北安曇郡郷土誌稿』第二輯）。山に埋められた金鶏の鳴き声が天気の変わり目に聞こえ、埋められている山の鳴動という形で表れる。金鶏はそれ自体が音を出す動物として意識されている。

たとえば、神奈川県相模原市では、「鶏が夕刻遅くまでねぐらにつかないと翌日は雨が降る」（鈴木重光編『相州内郷村話』）といわれていた。

天候と鶏の鳴き声の関連は、次の長野県南佐久郡川上村の梓川を二キロほどさかのぼったところにある「鶏淵《にわとりぶち》」の伝説からも読み取れる。昔はこの淵のそばに行くと、ときおり鶏の鳴き声が聞こえたという。また、この淵がドーンドーンという音を集落まで響かせるときは、きっと天気が変わるという（『信州の伝説』）。

ここでは、直接鶏の声が天気予報の元になっているわけではないが、淵の音の届く距離によって天気の変化を見るので、関係は深い。こうした伝説に限らず、鶏の鳴き声に関係しての天気予測は広く行われている。

災害と鶏　先ほど触れた武田信玄がチャボを埋めた伝説は、鶏の鳴き声が災害予知とも結びつけられていたことを示している。実際つい近年まで鶏の声から、災害などを聞き取ろうとする習慣があった。その具体的状況を越智秀一『天災予知集』から、鶏が関係することわざを抜き出してみよう。

○鶏が餌を止めて小首をかしげ、考え込む時は強震がある。
○宵のうちに鶏が鳴くと、火難その他の災難がある。
○鶏が屋上に上って鳴く時は、その向って鳴く方向に火事がある。
○雌鶏《めんどり》が時を告げるのは火災の兆。

これらのことわざから、地震や火事などを告げる鳥として鶏が意識されていたことが知られる。

もう少し事例を挙げてみよう。京都府亀岡市では、「夜中に鶏が鳴けば近い中に火事がある」（垣田五百次・坪井忠彦編『口丹波口碑集《くちたんばこうひしゅう》』）とされる。和歌山県有田《ありだ》市では、「鶏の宵鳴きは災害の前兆であるという。牝鶏《めんどり》の鳴く時も同様に忌む」（笠松彬雄『紀州有田民俗誌』）とのことである。同じ和歌山県では、「鶏が宵鳴きすると不幸なことがあるといって忌む。牝鶏の時を告げるのも忌む」（雑賀貞次郎『牟婁《むろ》口碑集』、郷土研究社）という。新潟県佐渡市真光寺《しんこうじ》では「メンドリがうたう（ときをつくる）と、悪いことがある」（『新潟県史』資料編二三）と伝えている。

このように、鶏の鳴き声は災害予知の有力な手段だった。これは伝説の世界でも見られる。長野県大町市美麻《みあさ》の「青具《あおぐ》の経塚」伝説は、次のようになっている。

美麻村青具区万中から北小川村に通ずる道に沿って、大奈良尾、小境の小集落が続く。その中間で西の方を見ると、かなり高い峰が見えるが、その峰をやや下った所に経塚がある。直径三・六メートルほどもあって、周囲には塚を埋めるために土を掘り取ったような跡がある。塚は丸々と実に見事な形をしている。言い伝えでは、この塚には石の舟の形をした入れ物に経本《きようほん》を入れて、石の蓋をして埋めてあるという。この塚の西の方に少し下って、小さい平らな所がある。ここに昔「あんぺい寺」という寺があった。その寺がどうなったかを知る者はないが、多分この寺の住持が寺を去る時に、経本を埋めたものだろうといっている。この塚を掘ると必ず死ぬとか、病むとか、祟《たた》るとかいって、誰も手をつけない。またこの塚の上で鶏の声がすると、その時は必ず集落に不思議なことが起こるという（「北安曇郡郷土誌稿」第二輯）。

同じ地域にある「げんけい墓」（同）や「真木《まぎ》の行人塚《ぎようにんづか》」（同）の伝説でも、塚の上で鶏が鳴くと異変が起きるとされるが、右も同内容である。塚（墓）が特別な意味を持っていたのは確実で、これはすでに見た鳴動する墓につながる。

鶏鳴の意味　それではなぜ金鶏が出てくるのであろうか。これは日本人の鶏そのものに対する意識と深くかかわる。

大阪府堺市の金鶏伝説が、時を告げる目的で埋められたことに象徴されるように、鶏は我々人間に時を告げる特別な能力を持つと理解された動物であった。時を告げるとは、目に見えず流れていく時間を人間にわかるように音で区切り示すことである。本来つながっている時の流れが、鶏がコケコッコーと鳴くことによって分断され、その声をもって人間に時の変化として理解できる。

特に鶏で象徴されるのは暁の鳴き声である。暁を伝える鳴き声は、神々の時間帯である夜が終わり、人間が活動できる時間帯が始まったことを、神々と人間の双方に伝える能力を持たねばならない。鶏はこの世とあの世の双方をつなぎながら、一方でそれを分断する役割を持っていたのである。

聞けば幸福になるとされる金鶏の声が大晦日、元旦、節分など、特別な日に限定されるのは、この意識のためで、基本的には年を区切る音といえるだろう。連続する時間を区切り、さらに年を区切る特別な役割を持つ鶏の声に、その年の吉凶を占おうとしたのである。

このようにとらえると、落城の際に鶏が鳴いたなどと伝承されるのも理解できる。つまり、落とされる城はこれまで築城した者の子孫が続いて城主として支配し、先祖から子孫へと、血を媒介とした時間の流れで結びつけられていたのである。そうした城が落ちる時、子孫を見守っている先祖の霊は自らがこもった石などを鳴かせ、時の断絶が近いことを告げていたのである。これは子孫に危機を告げる音ともいえる。落城は、そうした先祖から子孫への、血のつながりを前提とした城の所有が、断ち切られることを意味する。そしてまた新たな所有の関係、時間の流れが始まることになるのである。

終章　中世から近世へ

これまで鳴動を中心に、さまざまな音にまつわる記録や伝説などをあげてきた。こうした鳴動から、どのような社会の歴史的変化や動きが読みとれるのであろうか。

序章で最初に川端康成の『山の音』を取り上げ、その後、戦国時代を舞台とする伝承や記録を扱い、さらに中世の記録、さらに現在に至る伝説などに触れてきた。この間で留意しておきたいのは、中世においては事件が起きたのと同じ時代に、後々へ伝えるための日記や他人に意図を伝えるため書き記された文章の中に、鳴動の実態や風聞が記録されていたのに対し、近世になると伝説のかたちで伝わるものがほとんどで、文献も地域の来歴や神社・寺の由緒をまとめるような地誌類の中に、言い伝えとして記されていることである。

こうした結果をも踏まえながら、戦国時代の前（中世）と後（近世）ではどのように、音に関しての意識が変わったのかを中心としながら、現代に至るまで人々が抱いた鳴動のイメージの変化をまとめたい。

中世以前の鳴動

最初に中世以前の、鳴動に対する人々のイメージを確認しよう。

音の役割　なぜ鳴動（音）が神の意志と理解されたのであろうか。人間が作り出す音は必ずどこかで消えてしまう。距離を置くと、どんな大声で話しても、相手の声が聞き取れない。全世界で人間が話をしているにもかかわらず、五〇メートルも離れれば、遠くの人々の声は決してこちらに聞こえてこない。そのうえ、時間をおけば、先ほどまであったどよめきなどの大きな音も残っていない。しかし存在したものが消えるわけがないので、本来存在した音が喪失することを、中世以前の人々はこの世から別の世界へ、つまりあの世へ行ってしまったと解釈したのであろう。

一方、雷の音は人間が生み出したものでないのにもかかわらず、人間にも聞こえる。人間の作り出す音もあの世に行くのだから、あの世で送り出した音もこの世に伝わるはずで、雷（神鳴り）の音はあの世からやって来たと理解せざるを得ない。これと同様に、不思議な音は、神や仏などあの世の住民が作り出した、あの世からこの世への通信手段と了解された。そして特に神と接触する場である神社などの鳴動は、神から人間への重要な連絡だとされたのである。

あの世の住民がわざわざこの世に対して知らせてくるのは、何らかの意図があるからで、その意図が読みとれれば人間は対処できる。少なくともそうした音を聞き逃さず、占いなどで発信者の意図をくみ取ることができるならば、そのまま放っておくと陥る重大な事態をも、避けることが可能だと人々は考えたのである。

しかも本書で問題にした音を出す主体は、山や岩、石といった普通では絶対に音を出すはずがないと考えられているものである。これが動き、音を出すと理解したところに、中世以前の人々の意識が示されている。

古代の鳴動と対応　本書では具体的にはほとんど触れなかったが、古代の鳴動について少し述べよう。

古代においても不思議な音があった。『続日本紀《しょくにほんぎ》』によれば、養老五年（七二一）二月十五日に、大蔵省の倉が自ら鳴って声を出した。勅撰史書にこのような記載があることからして、倉庫の自鳴は尋常ならざる事態の兆と考えられていたことがわかる。

天平十四年（七四二）十一月十一日には大隅国司《おおすみのこくし》が、「今月二十三日未時《ひつじどき》（午後二時頃）より二十八日に至るまで、空の中に声有り。大きなる鼓《つづみ》の如くして、野の雉《きじ》相驚き、地大《おおい》に震《ふる》い動けり」と注進した。ここでは地震の際の音が問題にされているが、書き方からして、これらの音は神が人間の未来に何かを知らせる手段というよりは、恐るべき神の声として認識されたようである。

天平宝字八年（七六四）十二月には、「西方に声有り。雷に似て雷に有らず。時に大隅・薩摩の両国の堺に当りて、煙雲晦冥《えんうんかいめい》して奔電《ほんでん》去来す」（『続日本紀』）という事態になった。この音は火山噴火によるもので、古代の不思議な音は災異をもたらす神の象徴だったともいえる。

承和十年（八四三）の神功《じんぐう》皇后陵の鳴動が、成務《せいむ》天皇陵を誤って祀っていたことに対する、霊の不満を示していたと解釈されたことについてはすでに触れた。

これらの鳴動は、勅撰の歴史書である『続日本紀』に記載されているので、国家が編纂した正式な歴史に留められたという意味で注目される。正史は後代のよりどころとなる規範として残されるものであり、国家および社会が鳴動を実態として信じていたからこそ、記されたのである。しかもそれは鳴動と同時期に書かれた記録をもとにしており、後世の回想や伝聞を主体にした由緒書や伝説とは異なるのである。

古代において神仏などは、この世に危険を持ち込むと考えられ、恐れの対象であることが多かった。わが国に最初に伝来したとされる善光寺仏が、排仏派によって疫病をもたらす異国の神と考えられたことは、その一端を示す。

祖霊はすでに死んでしまった者、この世から他界に行った異界の人、あの世の住人の霊である。そして古代人にとって死者の霊魂は、『古事記』に見える黄泉《よみ》の国（死後、魂が行く所。死者が住むと信じられた国）の記載でもわかるように、自分たちと先祖とが連続しているとの意識は弱かっただけに、関係を切りたいものだった。ここでも他界の住人は忌まれたのである。

古代人は鳴動があると、恐るべき対象の神仏、霊がこの世の人間に何かの不満を示していると考えた。天慶六年（九四三）太宰府の四天王寺鳴動に対して、朝廷が伊勢神宮に奉幣し、御霊《ごりょう》の鳴動に対しても同様の措置が執られ、山陵使《さんりょうし》が派遣されたことで明らかなように、神の怒りを鎮めるための儀礼や祈禱がなされるのが一般的だった。

鳴動が多発する中世　古代にも鳴動は記録されたが、その数は中世にくらべると少ない。記録の残存量の少なさ、文書史料の絶対的少なさという要因もあるが、それを差し引いても中世は古代より、圧倒的に鳴動が多いように感じられる。中世はまさに鳴動の時代といえる。このように記録が多いのは、国家までもが鳴動は異変を知らせていると信じており、安寧秩序を保つためには、国家規模で祈禱などをして対応する必要を認めていたからで、鳴動が公的な記録に意図的に残されたためである。

記録にみえる鳴動する場の共通性をみると、いつでも神仏や祖霊などと接触できる場所と認識されており、なおかつ個人が私的に所有する空間ではなかった。国家や一族、地域住民などの共有する場が鳴動していたのである。共有の場所での鳴動であるが故に、公的な記録にも残され、鳴動への対応も公になされたといえよう。鳴動して知らせている側に立つならば、鳴動は単純な個人の利害に関して行っているのではなく、多くの人に対する公的なものだったのである。

中世で最も有名な鳴動は多武峯寺《とうのみねでら》であった。そこで鳴動を繰り返したのは藤原鎌足の廟と像で、子孫である藤原氏に危機が迫った時に危険を伝え、未然にそれを防がせようとしていると理解された。なお、両者は天下国家の変事でも鳴動するとされた。

また、多田院《ただのいん》で鳴動した源満仲《みつなか》の廟も、子孫の源氏に未来に起きる事件を知らせた。

先祖が血でつながっている子孫を守ってくれるとの意識は、源氏や平氏といった氏を一つの単位としていた。祖先の墓だけでなく、藤原氏の氏神の春日神社、源氏の氏神にあたる石清水《いわしみず》八幡宮も鳴動して、災異などの到来を告げた。このように一族意識に支えられた氏神は、氏人に事件が起こりそうな時、あらかじめそれを知らせてくれた。したがって、中世の人々にとって氏神は一族結集を前提に安全な日常生活を送る上で、大変重要な意味を持っていたのである。

一族と自力救済　自分たちに危険が迫った時、祖先が何らかの形で知らせてくれるとなると、人々は自らが氏族の一員、あるいは血統の中に属していると意識し、必然的に歴史の流れの中に自己を位置づける。人々は常に先祖によって見守られているとの自己認識を保ち、血のつながりが個人の行動などを規制したのである。

中世人が一族意識を強く持たねばならないのは、それを必要とする時代だったからである。その最大の要素は、中世が安全も平和も自らの力で守らねばならない自力救済の時代であった点にあろう。たとえば、殺人などが起きた場合、被害を受けた側が自らの力によって復讐《ふくしゅう》して応酬する社会だった。こうした力の時代では、自分がどのような集団に位置しているかを自覚し、一人で対応できない時に自分の属する集団の力を頼むことになった。

自力救済のために集団化する際、何よりも重視されたのは血のつながりであった。血縁は歴史的経過の中で醸成された、誰もが持ち、同時に逃げることのできない関係だったからである。そして血縁は人間を社会の中に位置づけるに際して最も信用できると考えられ、敵対関係者からは人質を取ることで、行動を縛ろうとした。

暴力を前提とする自力救済の社会にあっては、暴力を担う男たちが重視される。これまで確認してきた氏人などの論理が、男性中心の系譜を引くのもこのためであろう。血のつながりを強め、日常的に意識を結集していく装置こそ氏神であり、一族の祖先の墓であった。そこからの鳴動を基盤とするお告げが一族を縛りつけ、他氏との争いに対処させることになったのである。

塚鳴動の背景　祖先と直接つながるものに墓や塚があるが、それが鳴動する背景には、三つの場合があった。一つは、将軍塚のように、京都など特定の地域を守護するため、呪術的な意味を持って築かれた塚が、地域の危険を知らせて鳴るものである。

もう一つは、将軍や天皇、豊臣秀吉のように国家権力を握った人の墓が、死後も墓を鳴動して国家や社会、一族の危機を知らせるもので、藤原鎌足の墓や源満仲の墓もこの範疇にはいる。

三つめは、白峯陵《しらみねのみささぎ》や水無瀬《みなせ》廟のように、そこにこめられた霊魂がその待遇に不満を示すためであった。しかも埋葬された人物は生前、公人としての活動をしていたのである。

いずれにしろ、鳴動する墓や塚はほとんどといってよいほど公的な役割を帯びていた。天皇や将軍などは国家の平安を守る義務を持つ地位なので、その地位にあった者は死後も鳴動という手段によって、その役割を果たしていたのである。

芸能者の音　中世においては、現代の我々が考える以上に、不思議な音は威力を持ち、神と人とを結びつけた。

あの世の音がこの世に聞こえるならば、あの世に住む悪神を威嚇《いかく》するにも音は有効であろう。そこで、音は悪霊祓いなどの手段にされた。

『太平記』によると、元亨二年（一三二二）の中宮懐妊のおりには、護摩《ごま》の煙が内苑に満ち、振鈴《しんれい》の声は掖殿《えきでん》（皇后、女御などが居住する殿舎）に響き、どんな悪魔や怨霊であっても、障碍《しょうげ》（妨げ。障害）をすることは難しいと見えたという。振鈴の響きには、いかなる悪魔や怨霊であっても寄せつけない力があると意識されたのである。

お産に際しては鳴弦《めいげん》がなされた。これは弓に矢をつがえず、張った弦を手で強く引き鳴らして、その音によって妖怪・悪魔を驚かし、邪気・穢れを祓うことで、中世以降は貴族から武家にまで波及した。『太平記』は、堀河院が在位の時に妖怪が出て天皇を悩ましたけれども、前陸奥守《さきのむつのかみ》源義家が承って、殿上《てんじょう》の下口《しもぐち》に候し、三度弦音を鳴らして鎮めたなどと記している。

さらに中世には、人間を守ってくれる神を応援し、元気づけるために、人間がこの世から音でエールを送ればよいのだと、音によって神を楽しませたりなだめたりする職人（芸能人）が多く存在した。「七十一番職人歌合《うたあわせ》」では、琵琶法師、女盲（瞽女《ごぜ》、三味線や歌謡などによって門付《かどづけ》をした盲女）、白拍子《しらびょうし》（平安末期から鎌倉時代にかけて行われた歌舞を歌い舞う遊女）、曲舞々《くせまいまい》（中世の曲舞という芸能を行う者）、放下《ほうか》（室町中期以降に現れた民俗芸能者）、鉢叩《はちたたき》（空也《くうや》念仏をして歩く半俗の僧）、田楽、猿楽、かんなぎ（神に仕え、神楽《かぐら》を奏して神慮をなだめ、また神意を伺って、神おろしなどをする者）、楽人が姿を見せる。彼らは神と人をつなぐ能力を持つとされたが故に、社会の中で特別な役割を負ったのである。

近世の鳴動

談山《たんざん》神社における藤原鎌足の墓の鳴動、多田院における源満仲の墓の鳴動は、ほとんど中世に起こり、近世以降は伝説という形でしか残っていない。記録などに残る場合もあやふやで、伝聞記事がほとんどになり、中世の切実感は薄れている。少なくとも近世に不思議な音は弱まっていった。近世に生きた人々は、鳴動をどのように理解していたのであろうか。以下、具体的に塚の鳴動などについて、江戸時代文化人の説明を見ることにしたい。彼らの意見をいくつか重ねれば、鳴動に対する近世人の一般的な理解が見えてくると考えるからである。

西川如見の理解　江戸中期の天文暦学家として有名な西川如見《にしかわじょけん》が著し、正徳四（一七一四）・五年に刊行された『怪異弁断《かいいべんだん》』は、山鳴りを次のように「科学的」に説明している。

山鳴りの事は古今に多い。これは皆、地中の奮気《ふんき》の為すところである。地中に空穴《くうけつ》があって、奮気を吹発《すいはつ》するために声をなすことがある。また、その地が総体として陽気が厚く、鬱伏《うつぷく》の気が常にあって、陰気と撃して鳴ることもある。日本諸国の中で、山壑《さんがく》（山の谷）または古塚が時に鳴ることが多くある。紀州の熊野、吉野の大峯《おおみね》、富士山、出羽の羽黒山の類、その他四国・中国、あるいは九州の内でも、山鳴りまたは天狗倒しと号するものが多くある。これは皆地気が鬱伏することが多い所で、その気が時に夜分の陰気に感じて鳴動するのである。昼は鳴動がないものである。総て和漢ともに大山には奇怪の類が多いとみえるが、その怪は皆、山の精気の変動によるのである。和州葛城《かつらぎ》大峯、九州彦山《ひこさん》の類、その外《ほか》古跡の高山に、奇怪の類が多くある。この類の山は皆平地から直立し、およそ七、八町ないし十町（約一キロ）を過ぎない。富士山は平地よりおよそ二十町の山である。富士山の絶頂まで参詣し、夜は岩穴に宿して、数日を過ごした者が自分に語るには、「富士山の半腹以下には奇怪が多くあるけれども、頂上においては奇怪なことがない。ただ風寒が厳しいのみだ」という。これから考えるに、平地の上七、八町から十町の間の一筋の所は山精の游気《ゆうき》（流れる空気）が会するところなので変怪があるけれども、頂上に至るとその場所を過ぎて、山精游気を抜け出るので、かえって変怪がないのである。総て地気の変動には様々の義が有り、怪にしてまた怪ではない。（現代語訳、以下同じ）

つまり、山鳴りは地中に溜まった空気が噴出する時に鳴るのだと説明するのである。また高山で山鳴りが多いのは山の上と下の空気が会するからで、山頂ではそうしたことは起きないとする。西川如見は怪には理由があり、不思議ではないのだと主張しているが、この説明は気圧や空気の噴出などにつながり、現在の科学的な説明と同じである。

一方で、彼が山鳴りまたは天狗倒しがある代表として上げている、紀州の熊野、吉野の大峯、富士山、出羽の羽黒山の類というのは、いずれも山岳信仰の場所であり、近世に多くの参詣者を集めていた。神社の拝殿には鈴か鰐口《わにぐち》が下げられているが、この音は神と人とを結ぶ役割を負っていた（笹本正治『中世の音・近世の音』）。したがって山岳信仰の一端には、不思議な音がする場所で神と接触できるとの中世以来の意識があったものと考えられる。

ところが、近世になると音の問題は、正式な記録や古文書の上では一顧だにされていない。にもかかわらず、こうした場所は近世になっても信仰され続けている。そこに一気に科学的に割り切ることをしない人の心がある。

川口好和の理解　塚の鳴動については、川口好和《かわぐちこうわ》が著した『奇遊談《きゆうだん》』がきちんとした解釈をしている。寛政十一年（一七九九）版の本では、「大塚鳴動」を次のように説明している。

洛西長岡村（京都市上京区内か）天神の社《やしろ》の東、細川三斎《ほそかわさんさい》屋敷のあたり、神足《こうたり》村との間に大塚というのがある。昔の陵墓であることが明らかである。近い頃までは、陶器の類などが出ることが時々あった。この大塚は折にふれて鳴動した。強く鳴る時には雷声、あるいは猛獣が吼えるようであった。さようなことがあれば必ず明日は雨降りとなった。思うに地下の水気が湿熱に蒸されて昇るべきなのに、この塚のうちが空虚で、その燻蒸《くんじょう》された気が鬱《うつ》して、このように鳴るものと思われる。近年は昔のごとく響いて鳴ることがないという。されば地下の水脈も少しずつ変わってきて、また塚の傍らが欠けたり崩れたりして、空虚に籠もっていた気が外に漏れ出したために鳴らないのであろう。東山将軍塚も異霊があるから鳴るのではなくして、このような類であろう。

この大塚は第一章で触れた天気についての言い伝え同様、塚が鳴ると雨が降るという。しかしこれを川口は鵜呑みにはしていない。蒸された空気が古墳内部にたまって鳴るのだと詳説するのである。ここに見える説明は、いわゆる科学的な見方といえよう。物事には必ず説明のできる理由が存在するはずだとの主張が、この理解の背後にもある。

こうなると、不思議な音などについても何らかの説明ができることになり、中世までの人々が考えた、不思議なことはすべて神や仏といったあの世の住人が起こすのだという理解は成り立たなくなり、必然的に神仏などの権威が後退していく。祖霊が危機を子孫に伝えると信じられた音も同じであろう。

なお、この塚が鳴る時には雷声、あるいは猛獣が吼えるようであったという。こうした表現はこれまでに触れた、山や塚の鳴動、落城に際して現れる怪獣の出した声と同様の理解である。

松平定能の理解　第五章の「異変と山鳴り」で取り上げた、甲斐国《かいのくに》の雨鳴山《あまなりやま》の伝説について、『甲《か》斐国志《いこくし》』を編纂した松平定能《さだまさ》は、

按《あん》ずるに、湯沢村にも古時温泉の湧いたという所がある。この辺は湯島より通じて、地中に火脈があったのが、一時の地変のために壅塞《ようさい》（ふさがれる）したけれども、なおその余焔《よえん》があって雨気に感じて動き、自ら声をなすのであろう。秋山村は中間に小丘があって雨鳴山と隔てているので、その鳴く声が聞こえないのである。もし聞こえる時には尋常の声ではない。果たして大雨があるであろう。山渓の下流に住んでいる村なので、大雨になれば水害を免れいないため、このように言い習わしたのであろう。

と推測している。

これが事実かどうかわからないが、山の音を神の声として聞くのではなく、科学的に考えていこうとする姿勢はここにも見える。

井出道貞の理解　雨鳴山については信濃《しなの》でも同じ理解がなされた。長野市松代《まつしろ》町にある鞍骨《くらほね》城について、信濃国佐久郡臼田《うすだ》郷（長野県佐久市）の下諏訪社の神官である井出道貞《いでみちさだ》が天保五年（一八三四）に脱稿した『信濃奇勝録《きしょうろく》』には、山鳴りについて次のような記載がある。

清野村の山上に古塁が有る。ここは倉科《くらしな》の地で、鞍骨の城という。天文（一五三二〜五五）の頃、倉科左衛門がこれに拠っていた。この城跡に穴があるが、直径が四、五寸（約一二〜一五センチ）

でどれだけ深いかわからない。この辺では空が曇って雨が降ろうとする時に山が鳴ることがある。その音は遠く響いて雷鳴がとどろくようだというが、具体的にどのような音であるかは知らない。恐らくこの穴から発する音であろう。しかしながら、その音は遠くに聞こえるといっても、その地においては聞こえることがないという。『大明一統志《だいみんいっとうし》』に、「中国の山西平陽府《さんせいへいようふ》にある鳴山は天が雨を降らそうとする前に、この山がりつ然と声を出した。また福建興化府《ふっけんこうかふ》に鳴山がある。山頂に風穴があり、天がまさに雨を降らそうとする時に鳴り、その声は隠然として若い雷の如くである」などと記されている。『怪異弁断』には、「山鳴りの事は皆、地中の奮気の所為である。地中に空の穴があって奮気を発するために声をなすものがある。またその地の総体陽気厚く鬱伏の気が雨の陰気に感発するからである。怪にして怪ではない」などと記されている。

井出道貞は雨の前になる山の音を地中の穴に原因があるとし、中国の事例を確認し、『怪異弁断』の理解などを示している。ちなみに話題の場所が城跡であることは、これまで見てきた城の音にもつながり興味深い。

名目と実態　こうしてみると、ここにあげた近世の人々は墓の鳴動などの不思議な音を、神などが作り出す怪異とは理解していない。音の原因を超自然がなすものとはせず、現代人と全く同じ思考方法のもとに、自然そのものから説明するのである。

これに対応するように、朝廷や幕府に寺社鳴動が報告され、天皇や将軍が占いを命じて神意を探り、それにしたがって奉幣したり、行動を慎むといった行動はとられなくなる。近世において鳴動は、支配者が公的に情報を入手し、社会の代表として対処していく性格のものではなくなった。だからこそ、公式な立場の記録や古文書には全くといっていいほど、鳴動の有無が記されなくなるのである。

中世人の観念に立つならば、江戸時代には幕府の正式な記録である『徳川実紀』、あるいは各藩の記録に鳴動のことが記されていてしかるべきだろう。ところがそうした事実は全くない。つまり近世にあっては、鳴動は公的機関が関与すべきものではなくなっていたのである。

しかしながら、人々の心から不思議な鳴動に対する特殊な意識が消え去ったわけでないことは、西川如見以下の人たちがあれほど真剣に、鳴動は怪ではないのだと主張しなければならなかった点に現れている。公の立場、支配者、文化人の立場からは、鳴動が神仏などの起こしたものではないと主張しても、民衆の間にまでその意識が完全に浸透しなかったことは、鳴動の伝説がこれまで維持されてきたことで明らかである。

鳴動は、公的な場、表の場では否定されていても、私的な場、裏の場では依然として信じられ、民衆の間では神仏が鳴動で我々に危機を伝えてくれると考えられていたのである。

神仏を信ずる意識の減退　鳴動を神仏の仕業としない近世知識人や為政者の意識は、どうして生じてきたのであろうか。

中世から近世への移行の中で最も強く感じられるのは、物事にはすべて原因があり、神や仏が社会を動かしているわけではないとの、信念の変化である。

物事をあるがままに見て、その原因を考えるようになったのは、中世から近世という大きな変動期において、大規模な土木工事などが行われ、自然も征服できるとの考え方が大きく育ってきたことに一因があろう。神仏は岩や石、山や木など、自然を象徴するものに来臨した。したがって、自然そのままの大地などに手を加えることに対して、中世の日本人は特別な感情を抱いており、神仏を鎮めるための陰陽師《おんみようじ》が大きな役割を持った。

ところが戦国時代の築城、都市の建設、新田開発、信玄堤《しんげんづつみ》に代表される治水、金山などの開発は、大規模に土や石を動かし、山の木々を次々に伐採してなされるものであった。換言するなら、自然状態に置かれていた場所を人間の管理下に置く動きが大きく進展したのが、戦国時代だったのである。自然に手を加えても神の怒りは起きず、開発こそが人間の生活をよくすることであって、神の力より人間の力の方が強いといった意識が強くなってきたものであろう。

中世には起請文《きしようもん》や鬮《くじ》などが広く、かつ大量に作られ、神との契約や神意をうかがって行動することが多かった。中世には何かあるごとに神との間に誓約がなされた。裁判も神聖裁判が中心で、神の意を知るため神前での鬮、起請の失《しつ》（訴訟の当事者が主張を起請文に書いて一定の期間神社に参籠し、その間に鼻血が出たり、発病するなどの失が現れなければ、主張が真実と判定された）を前提とした起請などがなされ、神の力がすべての場で想起された。しかしながら、現実の場で神は必ずしも力があるわけでなく神に起請をした内容を破ったとしても、神が制裁を加えることはなかった。また人々は戦国の争乱などを通じて、神や仏が実際の場では特別な力を持たないことを、身をもって感じた（笹本正治『武田氏三代と信濃―信仰と統治の狭間で―』、笹本正治『中世的世界から近世的世界へ―場・音・人をめぐって―』）。

戦国時代に仏の加護を信じて戦った一向一揆も、支配者の前に脆《もろ》くも敗れ去った。近世初頭にはキリシタンも弾圧された。戦乱の勝敗は神の力によるものではなく、人間の実力によって確定することを、いやというほど実感したのである。

金打《きんちょう》という金属製品を打つことによって神を呼び出し、神との契約のもとに人間同士も約束していた中世までの風習も、近世になると音の持つ意義が忘れられて、武士が約束を違えぬ作法とのみ解釈され、やがてそうした風習までが消えていってしまった。これも鳴動と同じ流れにのっている。

「神楽」は文字通り神を楽しませ、なだめ、慰撫するための手段として、本来は神に捧げられるものであった。ところが近世になると、神と人とを結ぶ要素としての音の意義が忘れ去られて、神楽も人間である観客を主体とするものに変わった。音楽も娯楽としての下座《げざ》音楽に代表されるように、人と人を結びつける手段としてのみ理解されるに至った（笹本正治『中世の音・近世の音―鐘の音の結ぶ世界―』）。

道が重なりあう辻は、古代にはあの世とこの世との接点として神などが現れる場として理解され、そのことを前提にして中世には市が開かれたり占いがなされる場であった。しかし、近世になると人が集まる場としてのみ理解され、やがて辻という言葉が合計とか、共有物の意味になった。本来は神と人間の接触の場として、神の存在を前提に考えられていた辻占《つじうら》も、近世になると煎餅《せんべい》の販売手段としての辻占煎餅が出現するように、神や仏は忘れられて人間のつながりだけが想起された（笹本正治『辻の世界―歴史民俗的考察―』、名著出版）。このことは中世には神と接触するために行われた社寺参詣が、近世になると多くの人にとっては物見遊山の場となることともつながろう。

つまり、神に対する信頼が揺るぎ、神仏から解放されたことが、すべての原因を神に求める従来の考え方を変化させ、先に見たような、いわゆる科学的な考え方への変化につながっていったのである。

社会制度の変化　中世と近世では社会制度も変わった。中世は自力救済の世界で、人々は身の安全を自ら保たねばならなかったが、近世では自力救済が否定され、裁判制度や警察制度も整った。

その大きな契機をなしたのが戦国大名で、彼らが制定した法の中には喧嘩両成敗がうたわれた。復讐は原則として禁止され、裁判権も戦国大名に掌握されていった。私的な復讐にかわって、大名権力が公として判決を下した。このため警察制度も整備され、テレビなどで馴染みの岡っ引きや奉行所の役人など治安維持にあたる役割の者も増え、法によって治安が守られる社会が普遍化した。

復讐の禁止を最も象徴的に示しているのが、元禄十五年（一七〇二）十二月に主君浅野長矩《あさのながのり》の敵《かたき》である吉良義央《きらよしなか》を討った赤穂義士の処分である。中世的な自力救済の世界なら、彼らの行為は賞賛されこそすれ、処罰の対象にはならないはずである。ところが、徳川幕府は結局不法な行為として彼らに切腹を命じた。

自力救済が否定されるに伴い、自衛のために一族としてまとまらねばならないとする意識も次第に弱まり、血の論理よりも日常のつきあいや仲間の論理の方が強くなった。また、近世には中世では考えられないほど全国的に長い平和が続き、武力や暴力の行使を前提に一族がまとまる必要もなくなった。こうなってくると、血縁の論理よりも自分たちが住んでいる地域共同体の平和をいかに守るか、地域・地縁の論理が前面に出てくる。中世には子孫のために鳴動したとされたのが、近世になると村や国家の住人すべてに知らせるためだと理解されたのは、こうした変化による。近世になると血縁よりも地縁が重視され、実際にそれが社会生活の中で大きな意味を持ったのである。

一族意識を強く持っていたのは武士や公家など支配者層であったが、自力救済の社会でなくなったことにより、彼らの一族としての結合は弱まり、家の意識も一族の意識が個々の家を縛るのではなく、家が主で一族は従だとする考え方が強まった。

百姓の場合、中世には奴隷的な者をも含み込んだ複合的な大家族が多かったが、近世には一組の夫婦とその家族からなる単婚の小家族（核家族）が一般化した。社会全体で、それまでの一つの家に同世代の幾組かの夫婦が存在する状況から、夫婦さし向かいの現代と同じ家族が、普通になったのである。

こうした家の変化に伴って、中世では見られなかった家族ごとの墓が、特に十七世紀の半ば頃から作られるようになった。民衆の間でも、一族の墓・先祖の墓でなくて、墓石を持つ家ごとの墓が多く営まれるようになる（笹本正治「永続する家意識の確立―判子・墓・系図―」『日本学』一七号。笹本正治「名字と地名」『古代・中世の信濃社会』、銀河書房）。

なおこの間にも、石に霊魂が籠もるとの意識は連綿と続いていて、石が墓の記念碑として用いられた可能性がある。単に永久に名前を残すためだけなら、鋳物など他にも手段はあるはずであるし、墓に死者を埋葬した印の意識を持たせるだけなら木を植えてもよいのに、わざわざ石を置くのには、城や館に見られたような、霊のより来る石の概念が投影していると思われる。中世に墓を発掘すると、遺体を焼いたときに使われたと推察される石が投げ込まれていることがあるのは、その石に霊魂が籠もったと理解されたためではなかろうか。その伝統が墓石という形で再生されたかも知れないのである。

日本では大人になるとほとんどの人が判子《はんこ》を持つ。少なくとも家に全く判子がないというのは珍しい。現在我々が使用する判子は、基本的に捺印《なついん》者個人を、しかし、実態としては、姓のみという印文《いんぶん》からして多くの場合、家を示す。このような判子の使用の画期となったのが戦国時代で、戦国大名は印判状を用いることによって、文書の大量発給を可能にした。その影響で近世には武士たちも判子を持つようになった。一般民衆が判子を持つ契機は、宗門改帳《しゅうもんあらためちょう》や五人組帳の作成であった。そして十七世紀の後半ぐらいから現在の判子に近い形態の印文が一般化された。したがって、江戸時代における民衆の判子は個人を識別するというよりは、家と家の区別の道具であったため、判子が家の象徴になったのである（笹本正治「近世百姓印章の一考察―形態変化を中心にして―」『史学雑誌』八九編七号。笹本正治「民衆の判子―江戸時代を中心にして―」一・二『歴史と地理』四四八・四五一号）。

村と氏神　中世における村には小領主（武士）が在地した。村に存在する氏神はそうした小領主などによって運営され、特定の家の氏神であった。ところが近世とともに兵農分離が進み、彼らは村を去り、村に残った旧来の土豪も他の百姓と同じ役割を負うようになった。

このため、近世の村では領主一族が村政を牛耳るのではなく、ほぼ同じぐらいの権利と義務を持つ単婚小家族の家をベースにして、さまざまな役割も分担された。実際の生活でも一族の意識や利害は減退したのである。氏神も祭礼などを担ってきた領主がいなくなったので、村中の地縁的なつながりを持つ人たちによって維持され、特定の家のためではなくて、村人全体の神社としての役割を負うにいたった。中世のように一族のまとまりが強調されるのではなく、むしろ地域住民のまとまり、地域共同体が人々の行動を律するようになったのである。

村にある寺も同じような傾向が見られる。中世においては地域の有力者を檀那として成り立つ寺が多かったが、兵農分離によって寺を支えた家が地域から去ったこともあって、寺も地域全体で支えられることになった。それにおのおのの家で行う葬儀が重なって、寺と各家とがつながりを持った。この上に近世の檀家制度が網を掛けたのである。
現在の我々が、葬式と聞いて想起する寺と葬儀の関係も、近世になってからできあがったものなのである。

城に対する意識　城に対する意識も、近世には変わった。

中世においては、最初に城を築いた者の子孫がそこを領すべきだとの、血のつながりの意識が強く、そのことを象徴するように城の中の霊石は城主一族の危機を告げるために鳴動すると理解された。ところが、近世には落城の結果、城主の怨念が近くの石に籠もって泣くようになったと説明された。

この背景に、城は領した者が一時的に幕府から預かったにすぎないとの意識が一般化したことがある。城は誰のものでもない公的な統治の役所だとする観念が強められたのである。同時に元和元年（一六一五）に出た一国一城令によって、それまではほとんど村ごとにあった山城などが放棄されたため、地域とのつながりの強かった城は、近世の政治の中心地となった城とは全く別のものとして認識されるようになった。

城には築城した者の魂がこめられているので子孫が城を保持すべきだ、との意識は消えていった。実際、兵農分離や大名の転封の結果、山城などを築いた者と血のつながる家の多くは、地域から離れたために城の管理は不可能になっていた。一国一城令で廃城にされた山城の多くが、地域の住民による共同利用か、あるいは公の支配下におかれたことも、血の論理を否定することにつながった。

現代の音意識

中世人が持っていた、鳴動は神仏や祖霊などが人間界に危機を予告しているとの意識は、文化人や支配者がこれを否定しようとしたものの、近世を経た、近・現代も消えていない。

歴史は一時期に急激に変わるのではなく、現代の我々の思想や仕草、慣行の中心にさまざまな形で積み重ねられている。我々はそれを自覚していないだけなのである。最後にそうした意識の残存をもう少し確認しよう。

沖縄の御嶽　第一章でも触れた中世のグスク（城）とも関連するので、現在の沖縄における祖霊信仰について、ここで少し触れておきたい。

仲松弥秀《なかまつやしゅう》の『神と村』（梟社）によれば、沖縄において祖霊神とは村落の鎮守の神で、守護神であり「おそいする神」であるという。それを象徴的に示すのが腰当《くさて》で、幼児が親の膝に坐っているのと同じく、村落民が祖霊神に抱かれ、その膝に坐って腰を当て、何らの不安も感ぜずに安心しきってよりかかっている状態である。この神は彼ら村人と血のつながった歴史的な祖霊神そのものであり、村人から見た場合、すべてを投げ捨てて自分たちを抱き育ててきた親々の昇華した神である。そして御《う》嶽《たき》の神は必ずその集団と土地の結びついた祖先神でなければ、祭祀の対象にならないとする。

また仲松は、グスク（城）を、古代に祖先たちの共同葬所（風葬所）だった場所で、グスクには神の居所の意味があると主張する。「死んだ人は神と成る」という古代信仰から、祖先たちの葬所や墓がウガン（拝み）となり、その森が御嶽となるのは自然の成り行きだというのである。

したがって、沖縄では現代も祖霊信仰が強く生きており、しかも祖霊が寄りつく場所は自然のままにおかれているのである。

小野正敏によれば、宮古島平良《ひらら》市の狩俣《かりまた》において、集落を囲む石垣の西門の外にある西の森は、ウヤガン（親神＝祖霊神）の祭りの時に神女が籠もる御嶽群で、祭りの夜、祖霊はその聖なる森から現れる。新しい村は先祖の精霊に守られて、少し低い低地に造られた。波照間《はてるま》島の美底《みしく》御嶽はミシクミアドンス、アカタザンガラという人の屋敷との伝説を伝え、外《ふか》の阿底《あーすく》御嶽には現在も島の宗家《そうけ》の伝承をもつ家が住み、近くにその先祖といわれる古いタイプの墓が知られ、御嶽と各村の草分け家との深い関連がみられる。十四、五世紀の村であった竹富《たけとみ》島のハナスク村、クマーラ村の構造と現在の花城《はなすく》御《お》嶽《ん》、久間原御嶽《くまーらおん》との関係を見ると、「他金殿」（ハナスク村創建者）と「久間原発」（クマーラ村創建者）の宗家の空間を拝むように御嶽が配置されている（「村が語る八重山の中世」『大航海』一四号）。

つまり、村の創始者に守られる子孫という意識が、遅くとも中世にはできあがり、現代に至るまで続いているのである。人々は祖先が見守っていてくれるという安心感を心の支えとして、日常生活を送っているといえよう。人々に安心感を与える装置として一族の祖先の墓などが意識されたが、それは沖縄のみならず、各地で自然崇拝と一緒になって生き続けているようである。

ちなみに、沖縄においても、祖霊と人々をつなぐ御獄が鳴動したとの伝説がある。それは明和八年（一七七一）に八重山・宮古両諸島を襲い、九千三百十三人もの死者を出した大津波の後の「宮鳥《みやとり》御獄の怪音」という伝説で、次のような内容である。

津波の年の四月十五日（津波は三月十日）夜、午後一時頃から、宮鳥御獄の中から奇妙な音が起こり、近所四方に鳴り響いたので、人々は不思議に思って立ち寄って聞いた。その夜は雨もなく風もない静かな晩であったが、茂った木の葉や枝が風で打ち合うような不思議な音などが交じって聞こえた。数度ほどは音が大きく五、六百メートルくらいの遠方まで聞こえた。人々は不思議に思って、翌日の昼、御獄内を調べてみたが何の異変もなかった（牧野清『八重山の明和大津波』、私家版）。

御獄の音が特別な意味を持つと考えたから、人々は調べてみたのであろう。これまで見てきた鳴動する事例などからして、こうした認識の背後には、祖先が音で子孫に危険を知らせてくれるとの意識が存在した。したがってあの世の住人が活動できる夜に、特別な音が聞こえたのである。その音は再度の津波の襲来を思い起こさせたのではないだろうか。御獄からの音は何かを告げていると意識されていたのである。

奄美の神と音　音が神と人を結びつけるとの信仰は、鹿児島県の奄美《あまみ》大島では現在も強く存在する。

宇検村《うけん》ではシマダテガナシと呼ばれる神山と、地元でアシャゲ、トネヤなどと呼ぶ拝所を神道《かみみち》という通路が結んでいる。これは村人が勝手に変更できない、汚してもいけない神聖な空間である。アシャゲやトネヤの建て替えの時、神山で鉦《かみ》が鳴って、馬に乗って神道を通って神が降りてくると伝承される。また、ここではケンムンと呼ばれる妖怪のような者の存在が伝えられるが、その出現は大石を投げたり、大木を切り倒したりする音で示されることもある（高橋統一編『綜合研究奄美伝統文化の変容過程』、国書刊行会）。

大和村津名久《つなぐ》では、フユルメ（冬折目）の日は山の恐ろしい山の神、岳の神が活動する日だといい、山の神が鉦を打ち鳴らして里まで下って来るという（小野重朗『奄美民俗文化の研究』、法政大学出版局）。

瀬戸内町請島《うけ》では、アシャゲが茅葺きであった頃、その葺き替えを終わった時や、集落に大きな災厄、伝染病や火災などがあった折には、夕方から集落背後の山の上で鉦が鳴って、夜になると白衣をつけた数人の神が神道を下ってきて、集落の祓いをした。こうした伝承は瀬戸内町与路島《よろ》などにもある（同）。

瀬戸内町加計呂麻島《かけろま》では、大正の終わり、昭和の初めころまでは集落に災難があったり、神家を新築し大船が進水したりすると、神々が鉦を鳴らしながら降臨したとはっきり記憶している人が多い（同）。

竜郷町《たつごう》戸口《とぐち》集落の行盛《ゆきもり》神社では、神社が焼ける前に提灯の火がともったとか、鎧《よろい》の音を聞いたという不思議な体験談が今でも伝わっている（高橋一郎『伝承のコスモロジー』、第一書房）。またこの神社の神道《かみみち》では、神が歩くときに錫杖《しやくじよう》がガランガラン鳴ったという（同）。

このように神が音で象徴され、しかもその神が集落などに災厄がある時に知らせてくれるとの意識は、奄美大島では当然のことだったのである。この神道で生ずる音は、第五章で触れた、竜神が北海道上ノ国《かみのくに》町の神《かん》の道を通って太平山《たいへいざん》に行くに際して神がたてたのと同じである。『甲斐国志』などに見える、山で聞こえる災いを予兆する音は、近世を通して知識人が必死に否定し、しかも公的な記録には記されなかったのに、伝承の形で生き続け、現在にいたった。ところが、奄美大島ではもっとビビッドに伝えられ、人々の意識の中に根づいているのである。

民俗に残る神の音　これまで挙げてきた事例のように、鳴動は神仏の象徴とされた。こうした意識も民俗の中に、現在も明瞭に生き続けている。

青森県下北郡東通《ひがしどおり》村小田野沢《こだのさわ》では、三月・九月の十六日に「農神様」を祀り、臼に米を入れて杵で叩き、その音で農神様と山の神とが交替すると伝えている（宮本袈裟雄『天狗と修験者』、人文書院）。臼をつく音が神の交代を象徴する音と理解されている。臼は、善光寺の阿弥陀如来が最初に信濃に着いた時に、本田善光が家の中で一番清浄な場所としてこの上に如来を安置したとの伝承があるように、神聖なものであった。そして臼が役割を果たしている時に出る搗《つ》く音も、特殊な意義を持つと意識されたのである。

神や仏、祖霊などはいつも眼に映じて実態を持つものではない。本来姿を見ることができない神仏を、人々は何らかの手段で実感しようとした。神などの象徴である以上、可視的なものでなく想像力の産物であることが望まれる。神や仏などの来臨を示すのに、音・光・匂いなどが意識されるのはこのためである。また、現在に残る古い要素を持つ祭礼には、必ず神と人をつなぐための音が重要な役割を負っている。時には神を呼ぶために、あるいは神を奮い立たせるために、さらに人間が神と一体化するために、音楽・かけ声・拍手など、さまざまな音が使われるのである。

民俗の中には、神の代理としての音を魔除けとする慣行が残っている。たとえば、近畿の西北部から中国地方にかけて、「キツネ狩り」という行事がある。これは正月十四日の晩から十五日早朝、村の子どもたちが集まって鉦《かね》や太鼓を鳴らし、「キツネ狩りそうろう……」などと大声をあげ、近くの山を歩きまわるものである。大きな音を出すのは、魔除けであるという（『高取正男著作集5　女の歳時記』、法蔵館）。

奈良の東大寺の御水取りでは、松明《たいまつ》の火とともに練行衆《れんぎょうしゅう》の履く木の沓《くつ》の床にひびく音が印象的である。法隆寺のオコナイでも、練行衆がホラ貝をふき、杖で金堂の柱を叩いてまわる。このように修《しゅ》正会《しょうえ》や修二会《しゅにえ》に、堂の床や羽目板をたたいて大きな音をたてる乱声《らんじょう》の例は多くある。大阪四天王寺の修正会の「ドヤドヤ」、大和長谷寺《はせでら》の修正会の「だだ押し」も、乱声の音からつけられたよび名である。この種の行事は有名寺院だけでなく、近畿から中部、中国の村々に多く分布し、その音響はその年の豊作を祈り、魔を祓う意味をもつ。お水取りの行法の最後ちかく、内陣の奥から松明がふり出されるように、仏堂の後背部で大きな音をたてるのにも、そこにひそむ霊的な力を最大限に発揮させる意味があった（同）。年のはじめ、寺院や村の堂での修正会・修二会に乱声をあげるのは、どんど（小正月に行われる火祭り）の爆竹とおなじで悪魔を祓う呪法としての意味があり、各地に類似の例がみられる（『高取正男著作集4　生活学のすすめ』）。

静岡県榛原《はいばら》郡では「ナリガミ」といって、二月と四月の八日の早朝、男児たちが鈴を鳴らしながら、笹を束ねたもので各戸の雨戸を叩き廻る。これは魔を祓うためだという（『改訂綜合日本民俗語彙』）。

このように現在まで民俗の中には、かつて大きな意味を持った音による魔除けやまじないが、脈々と生きているのである。

現代に通ずる天気予報のことわざ　我々にとって最も身近な、しかも生活に大事な天気予報を取り上げたい。山の音に関係した言い伝えなどをあげてみよう。

これまでもたびたび紹介した越智秀一『天災予知集』は、昭和十一年（一九三六）に刊行された本であるが、当時各地で伝えられていた天災に関することわざなどを幅広く集めているので、全国的な災害予知の総覧としての意義がある。この本の中から山の音と天気に関係することわざなどを抜き出してみる。

○寒中山鳴りのする時は大吹雪あり（北海道名寄地方）。

○山の奥に、ドードーと異様な響きがある時は山荒れる兆。
○近隣の山に鳴動を感ずる時は大洪水あり。
○山鳴り、河鳴り、海鳴りは天候急変の兆。

後半部分の地域が指定されていないものは、全国的に言われていたことである。しかも各地に伝えられていたことわざは、当然これだけではない。長野県の北安曇郡では、「山が鳴れば雪が降る」（「北安曇郡郷土誌稿」第四輯）という。

このように、各地で山の音が天気予報に利用されてきた。したがって、山の音が天気予報という比較的近い未来をあらかじめ知る手段として、大きな意味を持っていたことは間違いない。次第に失われているとはいえ、現在でもこうした言葉は生き続けているのである。

現在の鳴動　山などで生じる音は不思議なものではないのだとする文化人や支配者の見方は、近代になるとさらに強められた。しかしながら、既述のように中世以前の山の音に対する意識がまったく消えたわけではなかった。

川端康成の『山の音』に見える山の音から死を予感する意識も、長い間日本人に抱かれ続けてきた、山の音に対する意識の残存といえよう。その意味では、日本人の意識の変化は実にゆっくりしたものだったのである。しかし、どんな民俗や意識も社会と共に確実に変化を遂げていく。小説において個人の心持ちを示すのに山の音を出しているのであって、川端もたとえ自身で山の音を聞いたとしても正式書類に書いて官公庁に報告するようなことはしなかっただろう。

現在の我々は、川端が山の音に対して抱いた心性さえも失いかけている。意識して山の音に耳を澄ませることはないし、岩や石の鳴動を聴こうとも思わない。第一、山や石などが自ら鳴るとは考えてもいない。大きな岩や山が動き出して、人間の世に何かを伝えてくれるなどと、思いもしない。これを真面目に主張すれば、社会から白い目で見られることは疑いない。このような戦後の日本人の意識変化は、これまで日本人がたどってきた変化の中でも、最も劇的であったとさえいえる。

にもかかわらず、塩尻《しおじり》市の夜泣石が今も柵で囲まれ、多くの地域の音にまつわる伝説が語られているように、私たちのまわりには古代、中世、そして近世と、これまで経てきた歴史の積み重ねが、さまざまな形で残っている。我々がいかに近代化されたと主張しても、感性の中にある過去は、簡単には消えないし、消す必要もないのである。神や仏と人間とをつなぐ音は、現代でも寺社の賽銭箱の上の鈴や鰐口《わにぐち》、お寺の鐘といった形で残っており、我々もこれを鳴らしたり、その音を聞いたりするときには、何となくいつもと違う気持ちになる。ここに歴史の重さを感じるのは、私だけではないだろう。

国歌「君が代」の意味は、「さざれいし」（細石）が自らの意志で巌《いわお》となり、苔《こけ》がむすのを待つ、とるのが素直な解釈だろう。日本人が古くから抱いてきた、石も一つの生命体であり意志を持っている、という考えは科学的思考ではないとして、現代の教育から排除されたものと私は理解していた。

ところがここにきて「君が代」は教育する現場の教師たちの意見をも無視して、政治家たちによって無理に解釈がなされ、国民に教育されていくようである。これは社会がこれまで獲得してきた科学的思考を捨て、再び非合理的な世界観に立ち戻ろうとするきざしであろうか。

あとがき

中世には先祖の墓が鳴動して、子孫に何かを伝えてくれるとの理解があった。中世人は先祖が自分を見守っていて、危険などが迫っている時には、音によって知らせてくれると考えていたのである。彼らは音を媒介として先祖と自分、さらに子孫との連環の中に身を置いていたともいえる。

ところで、日本人の規律意識を、義理を欠くことなどに対する「恥の文化」として位置づけたのは、『菊と刀』で有名なアメリカのルース・ベネディクトであった。彼女の主張するように、他人に対する恥の意識が、日本人の自らの行動を規制していたことは十分に考えられる。この場合「恥」は同時代の他人の目であり、いわば共同体の規制になる。この論では、行動をなす人を束縛するのは同時代における他人の目であり、帰属する社会が個人の行動を抑制する。法を破る行為はいつの時代にも存在するけれども、法を国家が執行機関を擁して遵守《じゅんしゅ》させるのが現代だとするならば、恥の文化の場合には同時代に生きる周囲の目、共同体の束縛がルールを遵守させていたことになる。

もう一つ長い間日本人の行動を縛ってきたものに、先祖が見ているという意識があった。「先祖の話」によれば、柳田國男の先生にあたる松浦萩坪《まつらしゅうへい》は、「お互いの眼にこそ見えないが、君と自分との空間も隠世《かくりよ》だ。我々の言うことは聴かれている。することは視られている。それだから悪いことはできないのだ」といっていたという。そして柳田は「霊融合の思想、すなわち多くの先祖たちが一体となって、子孫後裔を助け護ろうとしているという信仰」を扱っている（『柳田國男全集』第一三巻）。この場合には、先祖である死者と今生きている自己という、歴史的な時間観念が重要になる。ベネディクトが主張する恥の文化が、自己活動の同時代による外部（行動する人以外）からの規制だとするならば、こちらの場合、自己活動の先祖による内部（行動する本人）からの規制となる。

我々の行動を規制する要素はこの他にもたくさんあるが、社会規制と自己規制は二つの代表的なものであることは疑いない。刑罰などの法を意識しての行動は前者に、キリスト教徒などの神の眼を意識しての行動は後者に位置づけられよう。特に他人の心を思いやったり、周囲の人に迷惑を掛けないといった、いわば道徳的な行動様式の基底には、この二つの意識が複雑に絡みながら存在している。

現今の政治家はいかに自分の身を守るかに汲々とし、過去から現代、そして未来といった大きな展望に欠けている。経済界の明日も明るい未来は見えてこない。我々の日常生活もどこか刹那的で、未来への夢、あるべき姿を論ずる人に会うことが少ない。未曾有の歴史的転換期である今、各地の寺社や聖なる山、岩などが、実は変災を告げる鳴動を繰り返しているのかも知れないが、我々はそれすら気がつかない状況に陥っているのである。

今さらご先祖様が見ているという意識ではないかもしれないが、こうした社会だからこそ、改めて過去を見、失ったものと得たものとを確認したい。特に心の平安という側面は今後の人々にも欠くことができないはずである。

機械音がほとんどなく、自然の音と共生していた時代だったから、中世の人々は鳴動を聞き、あるいは信じたのかも知れない。その感性は現代人ではなかなか理解しがたいことだろう。しかしながら、我々も時には現代の喧噪から逃れて、別な音の中で、異なる音の意義を思索し、未来の音のあるべき姿に思いを巡らすべきである。

歴史学は基本的に過去と現代、そして未来の連環を考えるために、過去に目を向ける学問である。その一端として現代人が日常の中で忘れがちな、先祖＝過去、自分＝現代、子孫＝未来を再認識しながら、未来を考えることも大事である。日々の生活に追いまくられるのではなく、ゆったりした心を持って人類の未来も語るべきである。失われた感性を扱った本書が、その契機の一端になれば幸せである。

一九九九年十二月

笹本正治

補　論

私の研究

本書が刊行されてから二十年を経たことが嘘のようである。校正のため過去に引き戻されるように、久々に自分の作品を読むことになった。良いか悪いかわからないが、主張している内容について今も変化はない。ある意味、私の研究には一向に進歩がないようである。

私は信州大学人文学部の大学生時代、名古屋大学大学院時代と、甲斐の戦国大名である武田氏と職人や商人との関わりを中心に研究してきた。そして、たまたま仕事に恵まれ一九七七年一一月より名古屋大学文学部助手、一九八四年四月から信州大学人文学部助教授、一九九四年八月から教授になった。さらに、二〇〇九年一〇月より二〇一五年九月まで信州大学副学長、二〇一三年一〇月より二〇一六年三月まで信州大学地域戦略センター長の任を負った。定年より一年早く大学を辞め、二〇一六年四月から長野県立歴史館館長になり現在に至っている。

そんな経歴の私の本として最初に刊行されたのが、『武田氏三代と信濃—信仰と統治の狭間で—』（郷土出版社、一九八八年四月）であった。この本では諏訪人社上社に伝わる鉄鐸について触れ、誓約の音について着目した。また、修士論文を整理したのが『戦国大名と職人』（吉川弘文館、一九八八年七月）だった。

私が名古屋大学大学院で学んでいた時期、網野善彦先生は近世に全国の鋳物師を支配した下級公家の真継家に伝わった文書を利用して、中世史の新たな研究の地平を開いていた。私は先生の勧めで真継家文書のうち近世文書の整理に関わり、鋳物師の研究に手を染めた。鋳物師を追いかける中で、彼らの作品の代表ともいえる梵鐘の音に着目し、『中世の音・近世の音―鐘の音の結ぶ世界―』（名著出版、一九九〇年一一月）をまとめた。その際、積極的に伝承などを用い、歴史学と民俗学の融合を目指した。なお、この本は二〇〇八年四月に講談社学術文庫として復刊された。

歴史学と民俗学の融合ということで次に書き下ろしたのが、『辻の世界―歴史民俗学的考察―』（名著出版、一九九一年六月）だった。これまで書いてきた人々の心持ちの変化に目を向けての論考は、『中世的世界から近世的世界へ―場・音・人をめぐって―』（岩田書院、一九九三年六月）としてまとめた。

次に私が興味を抱いた災害史の観点から歴史学と民俗学の融合を目指してまとめたのが、『蛇抜・異人・木霊―歴史災害と伝承―』（岩田書院、一九九四年一二月）だった。

書きためてきた鋳物師と真継家との関係は『真継家と近世の鋳物師』（思文閣出版、一九九六年二月）として、世に問うた。

一般書として、武田氏と音の関連性の一端をまとめたのが『武田氏と御岳の鐘』(山梨日日新聞社出版局、一九九六年一〇月)だった。そして、災害史と神仏等の関わりを追求し、『中世の災害予兆―あの世からのメッセージ―』(吉川弘文館、一九九六年一一月)を出した。ここでは、人間が神仏からのメッセージであると理解して音も扱った。

本書『鳴動する中世―怪音と地鳴りの日本史―』はこうした流れの上に、朝日選書として二〇〇〇年二月に刊行された。

本書以後に神仏と人間の関わり、歴史学と民俗学の接点という側面からまとめたのは、『山に生きる―山村史の多様性を求めて―』(岩田書院、二〇〇一年六月)、『災害文化史の研究』(高志書院、二〇〇三年八月)、『善光寺の不思議と伝説―信仰の歴史とその魅力―』(一草舎、二〇〇七年四月)、『天下凶事と水色変化―池の水が血に染まるとき―』(高志書院、二〇〇七年七月)、『戦国時代の諏訪信仰―失われた感性・習俗―』(新典社新書、二〇〇八年四月)だった。

一方、武田氏に関係しての研究では『戦国大名武田氏の研究』(思文閣出版、一九九三年七月)、『武田信玄―伝説的英雄像からの脱却―』(中公新書、一九九七年九月)、『戦国大名の日常生活―信虎・信玄・勝頼―』(講談社選書メチエ、二〇〇〇年五月)、『異郷を結ぶ商人と職人』(中央公論新社、二〇〇二年四月)、『武田信玄―芳声天下に伝わり仁道寰中に鳴る―』(ミネルヴァ書房、二〇〇五年一一月)、『真田氏三代―真田は日本一の兵―』(ミネルヴァ書房、二〇〇九年五月)、『武田勝頼―日本にかくれなき弓取―』（ミネルヴァ書房、二〇一一年二月）、『甲信の戦国史―武田氏と山の民の興亡―』（ミネルヴァ書房、二〇一六年五月）、『戦国時代は何を残したか―民衆の平和・神仏への思い・自然開発―』（信濃毎日新聞社、二〇二〇年七月）などを世に送り出した。

どちらかというと本書以後、音に関する研究は脇に置いてきた感がある。

近代の意識変化

復刻される機会を得て、本書では事例を相当量付け加えることができた。ただし、まだまだ完璧ではない。史料集を見る度に、新たな事例にぶつかり、道の遠さを実感するばかりである。これだけ多くの事例がありながら、なぜ音の問題が等閑視されてきたのかわからないというのも実情である。

予兆・予告と捉えられる音の事例は、史料全体量からすると圧倒的に中世が多い。古代においては史料そのものが少ないことも理由であろうが、本書で扱ったように全体として事例が少ない。一般民衆にとって神仏は自分たちの世界に災いをもたらす側で、人間を救う側面は弱いと理解していたからで、積極的に音を聞こうとしていなかったからではなかろうか。神仏は恐怖の対象だからこそ祭り上げられ、恐怖を取り除こうとしたのである。

中世になると神仏は帰依の対象になり、人間の味方となって災いや事件を様々な形でこの世に伝えてくれると理解されるに至った。それだけに積極的に自然の音に耳を傾け、その意味を読み解こうとしているようである。

近世になると神仏と人間の間に距離が置かれ、帰依の対象というより、都合のよい時だけ神仏が持ち出されるようになった。その典型が祭りで、近世になると神仏に捧げる祭りから、人が楽しむ祭りへと変化した。音は神仏と人をつなぐというよりも人同士をつなぐものに変わっていった。

人間が作り出していないのにこの世に聞こえる音を、古代や中世の人々はこの世でない他界の住民、すなわち神仏などが出していると考えた。それが近世になると、不可思議なことにも原因があるはずだと、その理由を追及し、納得のいく論理を組み立てようとした。近代・現代とその傾向はさらに強くなってきている。音の意識が時代によって変化していくのである。

明治の廃仏毀釈は日本人の神仏意識に大きな転換をもたらし、神仏より人間の方が力を持つような感覚を植え付けたように思う。それは音に対する信仰にも現れる。次は長野県飯綱町に残る「神と仏の警戒警報」伝説である。

昔、芋川の北に八幡様が祀られていた。また倉井の宮上に虚空蔵菩薩が祀られていた。この八幡様と虚空蔵菩薩とは南と北に向かっておいでだった。お二方は親しくて、いつもは人間に聞こえない声で話し合っておられた。人間や生き物たちが幸せになることを願っておいでだった。

この神様と仏様とが、ときに「オー、オー」と相互に奇声を発せられることがある。その奇声は山々にこだまし村々に響き渡る。人間たちは跳ね起きて、身支度をきりりとし、家財をまとめ、何が起こってもいいように備える。昔から、この奇声は大きな事件発生の前触れであったから。

豪雨が続いて池が決壊したときも、夏の初めに台風が襲来したときも、村人は「オー、オー」という奇声を聞き、備えをしておったので被害を最小限に食い止めることができた。

明治の初め、芋川をはじめ周辺一帯に大火事が発生した。このときも、八幡様と虚空蔵菩薩の「オー、オー」という哀調を帯びた声を多くの人が耳にしたという。

今は、八幡様は芋井神社に合祀され、虚空蔵菩薩は倉井の松雲寺に移されていて、神様と仏様からの警戒警報を聞くことはできない。（高橋忠治編『信州の民話伝説集成　北信編』一八〇頁、一草舎出版、二〇〇五年）

芋川地域は東西を山に囲まれた細長く南に開けた平地である。ここに住む人々は、大きな事件がある時にはこの神と仏が奇声を発して住民に危機を知らせてくれると信じていた。住民は周囲の山によって他所と分断され、北の八幡、南の虚空蔵菩薩によって守られていると意識していたのである。その神や仏が廃仏毀釈によって移されてしまい、今はその警戒警報を聞くことができなくなったという。おそらく中世や近世の住民たちにとっては神仏によって守られているとの安心感があったであろうが、近代になってそうした意識が政治的に消されてしまったのである。

もう一つ長野県上田市丸子町長瀬に伝わる「鐘たたき地蔵」の伝説をあげておこう。

金井の西方、現在道祖神のある所に、小さな石にきざまれたお地蔵様がありました。この地蔵さまは、悪い病や災難など何か変わったことが起こる前に、カンカンと鐘をうち鳴らし、皆に伝えたといいます。今その地蔵さまは、誰がどこへ持って行ったのか行方不明となっています。
（『上田小県誌』）（『上田・小県文化大事典』五三九頁、信濃路出版、一九八六年）

この地域では悪い病や災難などが起こる前に、石地蔵が鐘を鳴らして皆に伝えていたのが、今はその地蔵が行方不明になっているという。地域にとって大きな意義を担っていた石地蔵が消えていったところに、現代の信仰心があるように思う。

新型コロナ感染症と予言獣

二〇二〇年には全世界が新型コロナウイルス感染症の恐怖におびえ、人類はこれと正面から戦わなければならなくなった。そうした中、日本で俄然注目を浴びるようになったのが予言獣であった。

その代表ともいえるアマビエは、江戸時代後期に製作された瓦版に類する刷り物に、絵と次のような文が記されている。

肥後国海中江毎夜光物出ル、所之役人行見るニ、づの如く者現ス、私ハ海中ニ住アマビヱト申者也、当年より六ヶ年之間、諸国豊作也、併病流行、早々私シ写シ人々ニ見せ候得と申て、海中へ入けり、右ハ写シ役人より江戸江申来ル写也

弘化三年四月中旬

その後に長い髪とくちばし、うろこに覆われた胴体を特徴とするアマビエの図が載っている（京都大学附属図書館蔵）。前記の文を意訳すると次のようになる。

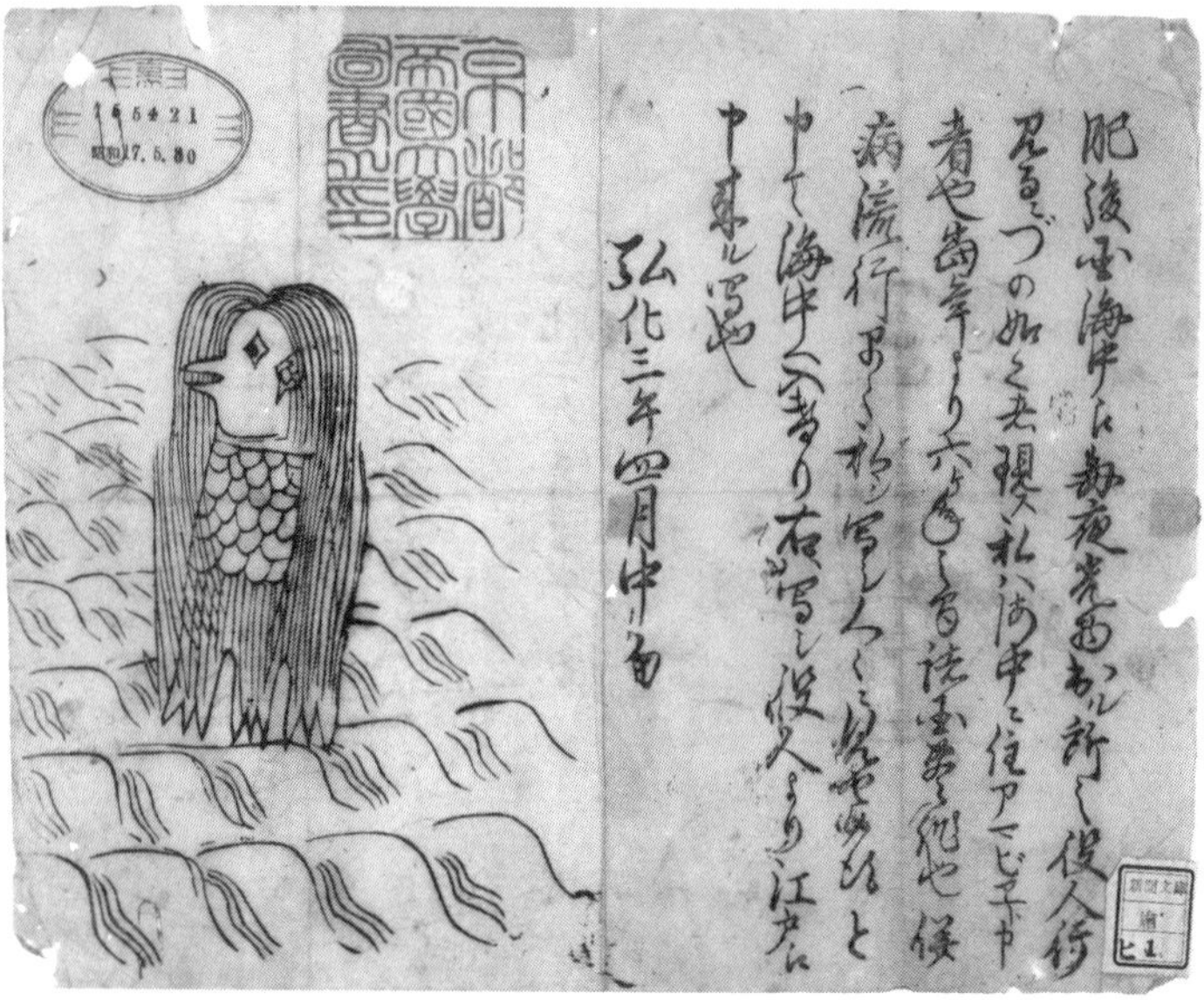

図１　肥後国海中の怪　アマビエ（京都大学附属図書館所蔵）

肥後国（熊本県）の海中へ毎夜光物が出た。その所の役人が行って見ると、図の如くのものが姿を現し、「私は海中に住むアマビエというものである。今年から六年の間は諸国が豊作である。併せて病が流行する。早々に私の姿を写し、人々に見せるように」と言って、海中へ入った。右はその姿を写して、役人から江戸へ申してきた写しである。

弘化三年（一八四六）四月中旬

新型コロナウイルス感染症の脅威の最中、この情報が世間に広まると、悪疫退散ということで、アマビエの像が様々なお守りやグッズ、御菓子などに使われて、一気にブームになった。

山梨県立博物館が示したのは、「ヨゲン

ノトリ」であった。すなわち、市川村（現山梨市）の名主であった喜左衛門が安政五年（一八五八）八月に記した「暴瀉病《ぼうしやびよう》 流行日記《りゆうこうにつき》」の記事に体が一つで頭が二つ、一方はカラスらしく真っ黒なのに、他方は顔の部分だけが白い、烏の絵が描かれ、

如図なる烏、去年十二月、加賀国白山ニあらわれ出て、申て云、今午年八・九月の比、世の人九分通死ル難有、依テ我等か姿ヲ朝夕共ニ仰、信心者ハかならず其難のかるべしと云々。是熊野七社大権現御神武の烏ニ候旨申伝、今年八・九月至テ人多死ル事、神辺不思議之御つけ成

とある。意訳するならば、図のようなカラスが去年（安政四年）の十二月に加賀国（現石川県）に現れ出て、「来年の午年（安政五年）の八月・九月の頃、世の中の人が九割方死ぬ難が起こる。そこで、我らの姿を朝夕ともにに仰ぎ、信心する者は必ず

図2　ヨゲンノトリ（「暴瀉病流行日記」より、山梨県立博物館所蔵）

その難を逃れることができるであろう」と言った。これは熊野七社大権現が神武天皇のもとへ使わして道を案内したカラスであると申し伝えている。今年の八月・九月に至って、人が多くの死ぬということは神変不思議、人知でははかりがたいまことに不思議なお告げである。

姿が見えない疫病に対して、何らかの形で安心感を得ようとする心理はいつの時代でも同じであろう。その一端が現在の予言獣の流行ではないだろうか。

ただし、ここにも大きな時代変化がある。中世における鳴動は目に見える形を持っていない。神仏は絶対的であって、証拠がなくとも信ずるしかなかった。それが幕末を中心として現れる予言獣は、人間ではないが神仏でもない、いわゆる妖怪に近い。人間に危機を伝えてくれるのは絶対的な神ではなくて、零落した神ともいえよう。そして、形ある姿が問題にされるのである。

新型コロナ感染症対策として私の職場である長野県立歴史館も一時閉館した。その間、館の展示場でもある歴史のこみちや歴史館背後の山道を歩くと、これまでより多くの鳥や虫の声が聞こえ、別世界に迷い込んだような感じを受けた。実際にはいつも小鳥たちがさえずっていたのに、来館者がなくなって小鳥や虫だけの世界にかわった。それに加えて、静かなので、これまで聞き取れなかった音が聞き取れるようになったためであろう。

音に関する感性は自分がどのような場に身を置いているかによって大きく異なる。私はクラシック音楽が好きでよくコンサート会場に足を運ぶが、その際は他の音が遮断されて、演奏者の音だけが聞き取れるように調整されたホールで音を楽しむ。聞く前から一定度の理解をして、音楽の始まるのを待つのである。中世の人たちが自然のすべての音の中から神仏の音を聞き出そうとする時にも、暗黙の了解、知識があったはずである。私たちは彼らが抱いた鳴動に対する感性を体験できるのか心もとない。

新型コロナウイルス感染症は社会的動物で、群れることを当然としてきた私たちの日常生活に大きな影響を与えている。どこかでこれを警鐘する鳴動などがあったかも知れないが、私たちは既にそれを聞き分けるすべを持っていない。

こうした社会の大きな転換期だからこそ、私たちは改めて周囲のすべてに目を配り、自分を見つめ直してみたいものである。

本書の原本は、二〇〇〇年に朝日新聞社より刊行されました。

著者略歴
一九五一年　山梨県生まれ
一九七五年　名古屋大学大学院人文科学研究科博士前期課程修了
現　在　長野県立歴史館長　信州大学名誉教授
〔主要著書〕
『中世の災害予兆』（吉川弘文館、一九九六年）、『真田氏三代』（ミネルヴァ書房、二〇〇九年）、『甲信の戦国史』（ミネルヴァ書房、二〇一六年）

読みなおす日本史

鳴動する中世
怪音と地鳴りの日本史

二〇二〇年（令和二）十一月一日　第一刷発行

著　者　笹《ささ》本《もと》正《しょう》治《じ》
発行者　吉川道郎
発行所　株式会社 吉川弘文館
郵便番号一一三―〇〇三三
東京都文京区本郷七丁目二番八号
電話〇三―三八一三―九一五一〈代表〉
振替口座〇〇一〇〇―五―二四四
http://www.yoshikawa-k.co.jp/
組版＝株式会社キャップス
印刷＝藤原印刷株式会社
製本＝ナショナル製本協同組合
装幀＝渡邉雄哉

ISBN978-4-642-07130-7

刊行のことば

現代社会では、膨大な数の新刊図書が日々書店に並んでいます。昨今の電子書籍を含めますと、一人の読者が書名すら目にすることができないほどとなっています。ましてや、数年以前に刊行された本は書店の店頭に並ぶことも少なく、良書でありながらめぐり会うことのできない例は、日常的なことになっています。

人文書、とりわけ小社が専門とする歴史書におきましても、広く学界共通の財産として参照されるべきものとなっているにもかかわらず、その多くが現在では市場に出回らず入手、講読に時間と手間がかかるようになってしまっています。歴史の面白さを伝える図書を、読者の手元に届けることができないことは、歴史書出版の一翼を担う小社としても遺憾とするところです。

そこで、良書の発掘を通して、読者と図書をめぐる豊かな関係に寄与すべく、シリーズ「読みなおす日本史」を刊行いたします。本シリーズは、既刊の日本史関係書のなかから、研究の進展に今も寄与し続けているとともに、現在も広く読者に訴える力を有している良書を精選し順次定期的に刊行するものです。これらの知の文化遺産が、ゆるぎない視点からことの本質を説き続ける、確かな水先案内として迎えられることを切に願ってやみません。

二〇一二年四月

吉川弘文館

読みなおす日本史

日本の奇僧・快僧　今井雅晴著　二二〇〇円

平家物語の女たち　大力・尼・白拍子　細川涼一著　二二〇〇円

戦争と放送　竹山昭子著　二四〇〇円

「通商国家」日本の情報戦略　領事報告を読む　角山　榮著　二二〇〇円

日本の参謀本部　大江志乃夫著　二二〇〇円

宝塚戦略　小林一三の生活文化論　津金澤聰廣著　二二〇〇円

観音・地蔵・不動　速水　侑著　二二〇〇円

飢餓と戦争の戦国を行く　藤木久志著　二二〇〇円

陸奥伊達一族　高橋富雄著　二二〇〇円

日本人の名前の歴史　奥富敬之著　二四〇〇円

お家相続　大名家の苦闘　大森映子著　二二〇〇円

はんこと日本人　門田誠一著　二二〇〇円

城と城下　近江戦国誌　小島道裕著　二四〇〇円

江戸城御庭番　徳川将軍の耳と目　深井雅海著　二二〇〇円

戦国時代の終焉　「北条の夢」と秀吉の天下統一　齋藤慎一著　二二〇〇円

中世の東海道をゆく　京から鎌倉へ、旅路の風景　榎原雅治著　二二〇〇円

日本人のひるめし　酒井伸雄著　二二〇〇円

隼人の古代史　中村明蔵著　二二〇〇円

飢えと食の日本史　菊池勇夫著　二二〇〇円

蝦夷の古代史　工藤雅樹著　二二〇〇円

天皇の政治史　睦仁・嘉仁・裕仁の時代　安田　浩著　二五〇〇円

日本における書籍蒐蔵の歴史　川瀬一馬著　二四〇〇円

吉川弘文館

（価格は税別）